SUDOKU

OVER 450 PUZZLES

This edition published in 2022 by Arcturus Publishing Limited
26/27 Bickels Yard, 151–153 Bermondsey Street,
London SE1 3HA

AD010810NT

Printed in the UK

Contents

How to Solve Sudoku Puzzles

Each sudoku puzzle begins with a grid in which some of the numbers are already in place:

	9	6			8		3	
		1		4	2			
5						8	1	9
4		7	1	2				3
		8	7		6	5		
2				9	4	6		1
8	7	2						5
			3	5		1		
	3		2			4	6	

You need to study the grid in order to decide where other numbers might fit. The numbers used in a sudoku puzzle are 1, 2, 3, 4, 5, 6, 7, 8 and 9 (0 is never used).

For example, in the top left box the number cannot be 9, 6, 8 or 3 (these numbers are already in the top row); nor can it be 5, 4 or 2 (these numbers are already in the far left column); nor can it be 1 (this number is already in the top left box of nine squares), so the number in the top left square is 7, since that is the only possible remaining number.

A completed puzzle is one where every row, column and box contains nine different numbers, as shown below:

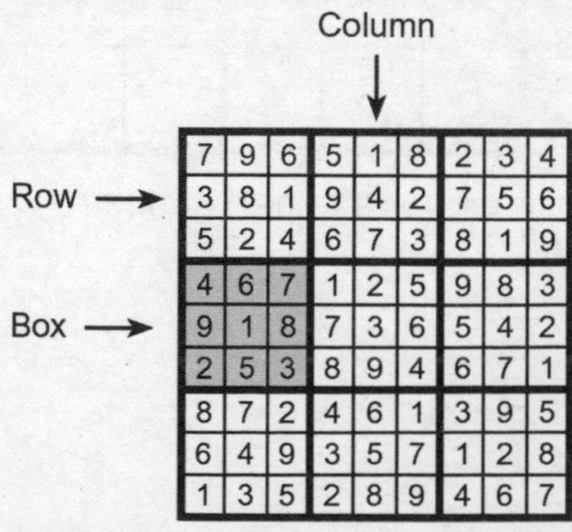

7	9	6	5	1	8	2	3	4
3	8	1	9	4	2	7	5	6
5	2	4	6	7	3	8	1	9
4	6	7	1	2	5	9	8	3
9	1	8	7	3	6	5	4	2
2	5	3	8	9	4	6	7	1
8	7	2	4	6	1	3	9	5
6	4	9	3	5	7	1	2	8
1	3	5	2	8	9	4	6	7

1

			1	5	6			7
7	9				2	6		
5		4		9		2	3	
1	4	7			9		2	
9			4	3	5			6
	3		2			9	8	4
	1	6		2		3		5
		2	6				7	9
3			5	8	4			

2

	6	9	3		2	8	7	
2			9	6		1		5
	7		1		8		6	
3			7	1	6			8
	4	1		2		6	9	
6			8	9	4			3
	1		6		9		5	
7		6		8	5			1
	5	2	4		1	3	8	

3

	3		7		1			8
6	1		9			4	3	
			5	6			2	9
1		6		2	9	5		
	9	2		3		7	1	
		4	1	5		2		6
8	2			9	4			
	5	3			8		6	1
9			3		5		4	

4

1	9		8		2	5		6
	4	8	9	3		2		
	3				7			4
4		9		8			5	
7		3	2		9	1		8
	2			7		6		3
9			6				1	
		5		1	3	4	6	
3		6	4		5		2	7

5

6			8	3		9	2	
	2		9		4		1	6
5		4	1					
1		2	5				4	
9		5	6	2	7	8		1
	3				1	2		7
					8	7		3
7	8		3		6		9	
	6	3		4	9			5

6

3		4	1		5			9
		5		8		6	1	7
		6	7	2	9			
6			4		8		9	
2		1		7		3		8
	4		2		1			6
			6	5	7	9		
7	3	9		4		5		
5			9		3	8		4

3			6		1		5	
			8	9	3		2	6
8	2	6		4			1	
2			9		6	5		
4	7			8			6	9
		3	5		4			2
	1			5		7	3	8
7	3		2	1	8			
	4		3		7			1

8

6			7	4	9		2	
5	2	7		8			4	
			5		2		3	
4		9	3		8			2
	6	1		7		3	5	
8			6		1	9		4
	8		4		6			
	4			3		7	9	6
	9		2	1	7			5

9

9		7		6		3		2
	3		9		2		5	
8	5		4		3		6	1
		1	7	3	9	6		
3	4			8			2	9
		9	6	2	4	1		
2	9		1		8		7	6
	7		3		6		9	
4		8		9		5		3

10

	4		8	9			2	7
					3	6	1	8
6	5	8		2		9		
		1	6	7	2			
7		5		1		4		9
			9	5	4	1		
		2		6		8	4	3
8	6	7	4					
9	3			8	1		5	

		9	5	2	6	4		
5	3				4			6
	2	4			1	7	8	
	5		2		9			3
	6	3		5		2	4	
1			6		3		7	
	9	5	4			8	1	
7			9				5	2
		8	7	3	5	6		

12

9	8	7				4	2	3
6			3	4				9
	4	1	2			7		
4			5			2		8
	3		7	6	8		9	
8		9			1			6
		8			6	5	4	
1				5	2			7
5	6	3				9	8	2

13

9		7		8		5		2
	8	6	9			7	3	
3		2			7	8		4
7	6			3	4			
	2			9			4	
			1	5			7	9
1		3	8			6		5
	9	8			2	4	1	
2		5		6		9		7

14

3	2		9				6	1
		8		3	1			2
4		7			8	3	5	
2	5	3		8	6			
9				1				7
			4	5		6	2	3
	8	9	6			4		5
7			1	4		9		
5	3				7		1	6

15

8		2	5		6	9		7
3	9		1		2		5	6
5				8				2
	4	5		2	9			
	3			5			1	
			3	7		4	8	
2				6				4
4	7		2		5		6	8
6		3	4		8	7		1

16

1		3			6			9
2			8		9	7	5	
		9		7	2	6		4
	4		3	9			2	
3	5			8			4	7
	9			4	7		1	
4		7	9	1		5		
	1	6	5		3			8
8			7			1		3

17

2			8		4	5		7
	1	8			3	9	4	
	4		7	9	2		6	
		1	2					3
	9	4		7		2	5	
5					6	7		
	2		1	5	7		8	
	8	3	4			6	7	
9		7	6		8			1

18

	4	7		3	8		6	
	9		6					7
6			4			9	5	
	1	8	5		9	3	2	
3				1				4
	2	6	7		3	5	1	
	7	2			5			8
9					2		3	
	3		1	6		7	9	

19

	5	8		6				4
	4	2			8	9		7
1	6			7	3		8	
	9		8			5		
4		5	7	3	6	8		1
		3			1		2	
	1		3	9			4	8
9		7	6			1	3	
2				8		6	5	

20

4			2	5		3		9
3	1			6			5	2
		9	8		3	1		
8	5		1		7		3	6
		3	5	9	4	7		
9	7		3		6		4	5
		2	7		8	5		
1	3			4			2	7
7		5		3	2			8

21

7		6			4		5	3
	8	2	6	5		7		
1		4		8			9	
		9			7			6
8	7		3	6	1		2	4
4			8			5		
	2			1		4		8
		8		3	6	1	7	
5	3		4			2		9

22

3			4	2				1
5	6	8				2		
	4		5				9	7
6		7	1	5		4		
8	1		6		9		7	2
		5		3	7	1		9
9	3				8		4	
		2				3	1	8
1				7	5			6

23

	4			7		1		2
1		9	3	8		7		6
7	5	8			2			
8				6	9		3	
	6	5		3		9	2	
	3		4	5				8
			1			8	7	3
2		3		9	8	5		4
6		7		4			9	

24

			1	7	2			6
6	4			3		2		
	7	3		6		8		5
3	1	4			6			8
	6		3	5	7		2	
5			8			6	3	9
1		2		8		5	7	
		8		1			6	4
4			7	9	3			

25

		6	3		1		5	
9	1			5	4		3	2
3			2			7	8	
	8			7		4		3
		7	8	3	6	1		
6		2		1			9	
	6	5			8			9
1	2		6	4			7	8
	4		5		7	2		

26

1		8		2		4		5
	2	6		5		8	3	
3			8		4			1
	8	9	2		7	1	5	
2			1	9	5			8
	1	4	6		8	7	2	
9			4		2			6
	6	2		7		3	1	
7		5		1		9		2

8			5		7		1	3
		1		2				6
5	3		9		4		8	
1	6		7		8	4		5
	7			9			3	
2		3	1		5		9	7
	2		4		9		7	1
3				7		8		
9	1		3		6			4

28

7			8		4	2		5
3			9		2	7		1
		4		1			6	
	4	3	5		7			9
1				9				4
8			6		1	5	2	
	7			3		8		
4		5	2		9			6
2		6	1		5			7

8		4				9	1	7
5		2	4	7			6	
3	7		8	1				
6					4	8		
	4	7	9	8	2	5	3	
		5	7					1
				9	8		4	2
	3			2	1	7		5
2	9	1				6		3

30

3		9	4			7		6
	8		3	7			5	
4	7	2				1	3	9
	6				7	3		
2			9	4	5			1
		1	8				4	
9	1	5				6	2	3
	4			6	2		1	
6		8			3	5		4

31

3		2		8		5		1
	7		6		1		8	
9	8		2		4		7	6
		4	8	1	7	6		
1	3			2			9	8
		8	3	9	6	4		
2	5		1		3		6	4
	1		9		8		5	
8		7		6		1		9

32

9		6	2		5	8		4
	8			4			9	
3		4	8		1	6		7
	3		1	2	4		5	
5		2		7		1		8
	4		5	8	9		3	
4		9	7		3	5		2
	6			5			7	
7		5	4		8	9		3

33

1	4			7		5		2
3	5		4			9		8
	7	6		9	2			
2					6		3	
4		5	9	2	7	6		1
	8		1					4
			2	8		1	5	
9		8			4		2	6
5		3		1			4	7

34

1			8		6			5
8		5		2		3		7
	2	4		7		8	1	
	8	7	9		1	6	2	
9			3	5	2			8
	3	2	7		8	5	9	
	4	9		3		1	8	
3		6		8		9		2
2			6		9			4

35

2		1		8		6		
8		5			3	1		9
	9	4	1			8	7	
				6	2		3	1
4	6			3			5	7
5	1		7	9				
	2	9			8	5	6	
3		8	4			7		2
		6		5		3		8

36

2	8	6			1	7	4	
	9			2	7		6	
7	5		8				2	9
			7	9		3		6
		1		6		4		
3		2		5	4			
5	1				3		8	4
	3		4	8			9	
	2	8	6			5	3	7

37

2	4			5				8
		3	6		9	7	4	
	8		4		1		3	
3	7		5		6		1	4
				7				
4	6		2		3		7	5
	9		7		5		2	
	2	1	9		8	4		
5				4			8	9

38

4		5		6		8		9
	1	9		4		3	6	
8			9		7			1
	2	8	4		9	6	5	
9			5	8	6			2
	6	7	2		1	4	9	
3			7		2			6
	9	1		5		2	3	
6		2		9		7		5

5		1		4	3			9
	9	8	2		7		3	
4						7	6	5
3				7	1	6		8
		4	9		6	5		
1		9	8	2				7
2	1	5						4
	3		5		4	9	2	
9			7	8		1		3

40

	6		9				3	4
		2	4	1	6	5		
	8	5	3			6	9	
	4		2		1			8
	3	7		6		1	2	
1			7		9		6	
	5	4			8	3	7	
		3	6	7	2	9		
2	7				3		1	

41

8		4	1				5	
	3				6	4	7	
9			3	8		6		
				5	1	2	4	7
		6				9		
1	2	7	8	4				
		2		7	3			5
	1	3	9				2	
	4				5	8		6

42

3	5		9	1				7
4	9	8			2			
		1		3			8	6
		4	1	6				
	1	7				6	5	
				5	3	4		
7	2			8		3		
			7			5	9	8
6				9	4		1	2

4	7		5				6	2
5		6			3	4		1
9				4				5
	3	5		9	8			
		7				2		
			7	6		1	5	
3				1				9
7		8	2			3		4
1	9				4		8	6

44

9				1			7	
		8	5		2	4		6
		7	3		6			8
		2			7		4	1
		4		2		3		
6	5		8			9		
5			9		4	7		
7		3	2		5	1		
	8			3				4

45

		6			7			
		8		2		3	1	7
		9	8	1				
7	3		6		1		2	9
5		1				4		3
9	6		5		4		7	8
				5	8	9		
8	4	3		6		7		
			4			2		

46

		5		4		2	3	9
		7	3	1				
		6			9			
5	3		9		1		7	4
	2	9				8	1	
6	7		8		4		5	2
			5			4		
				8	3	7		
8	5	2		6		3		

47

8				9				7
7		5	1			9		6
9	4				7		5	3
	1	7	2	8				
		4				3		
				5	4	6	7	
6	8		9				2	5
4		2			3	1		9
1				6				8

48

	2		1		9		5	
8		7		5	4		1	
		3				6	4	
1		5	9	7				
9			3		1			2
				4	8	1		6
	8	6				7		
	5		7	2		9		8
	3		8		6		2	

1					9			
7				6		9	8	2
5			8	3				
	5	1	4		6	2	7	
9	2						3	4
	8	7	9		3	6	5	
				4	8			5
2	7	4		1				8
			7					6

50

7		8		9			6	
		5	4	3		7		2
					8	9	1	3
			6	1			4	
2	8						5	1
	4			5	2			
3	9	4	7					
1		6		2	3	8		
	2			6		5		9

51

2	1				5		7	
			2			3	5	1
		7		8	9			4
	6			1		5		7
	9		8		4		3	
1		4		6			9	
3			7	4		6		
6	7	9			1			
	8		6				2	5

52

			8	7		2		9
6				2		3	1	
7	4					6	5	
		5	9				8	
9	1		2		7		3	6
	3				1	4		
	9	8					7	4
	2	3		1				5
1		6		4	8			

53

	7				9	1		
1		9			5	3		8
8			1	2	7			4
	3				4	7		
2		4				5		6
		1	9				2	
9			4	6	1			5
5		6	3			8		7
		2	5				4	

54

2	4		6				1	
			5	8			9	6
	5		1		7			8
		9		1	2	5		
	2	3				9	8	
		1	8	9		4		
6			2		3		7	
8	9			4	1			
	7				8		2	4

2	5	6				8	3	1
1			2	6				7
		8	5			9		
		5	4					6
	1		8		3		2	
7					9	1		
		4			7	3		
8				4	5			9
5	3	1				2	7	4

56

		1	7		4	3		
3				8				2
	9	8	3		5	1	6	
8			4	3	2			9
	4	7				5	3	
9			5	7	8			4
	8	2	6		9	4	7	
1				4				6
		4	8		3	2		

57

			9			4		6
4	5		1	3		8		
	9	6	5				1	
	4		7			6		2
8			6		5			9
2		7			8		3	
	2				1	5	7	
		5		4	9		2	1
3		8			7			

58

	5	7		9		6	8	
		6	7	5		2		3
8					1			
	3		8			5	7	4
	9						1	
5	8	2			4		3	
			2					7
1		9		8	3	4		
	4	5		1		3	6	

59

			6	2	8			
4	3			1		2		5
8						9	1	
1	7	5	4				3	
		8	5		2	1		
	4				1	6	5	9
	9	1						4
3		2		4			6	8
			2	7	5			

60

7		3	5	4				
		1	7			2		6
4			1		9	5		
	5			1	6		3	
	3	4				6	8	
	2		4	3			1	
		9	6		8			7
2		6			4	9		
				2	1	3		4

61

			5	4	1			
6		9		7		2	4	
		1					3	7
8	2	7	9					6
	1		2		4		7	
9					7	3	5	2
3	7					9		
	4	6		9		1		5
			4	8	2			

62

	3			6			8	
6			5		1			9
9		5	8		2	7		6
	2		4	7	5		6	
7		6				1		4
	5		6	1	9		2	
5		2	1		4	8		3
3			7		6			1
	1			5			9	

5	7					9	3	
8		1		9	6			
4	2			8		5		
	6				1			7
	4	5	9		8	1	2	
3			2				4	
		7		2			8	4
			6	3		2		5
	9	3					1	6

64

		9	6				7	
6			9	4	2			8
5	1		3				4	6
		7	8				2	
4	6						9	7
	5				9	3		
1	3				6		8	2
9			2	7	5			1
	2				8	5		

4				6		5		
	6	8	7		2		3	
		7	5		9		8	
	2		8			3		5
	5			2			6	
7		1			4		9	
	8		1		6	4		
	4		2		7	1	5	
		9		3				8

66

8				2		1	4	3
3			9	7	4			
6			8		1			
		6	1		7		3	
1	7						2	5
	3		2		6	9		
			5		9			2
			4	8	3			9
9	4	5		6				8

67

		6	8	1			9	3
2		5	7					
	9		3			6	7	
9		7	5				2	
5			6		4			8
	1				7	4		9
	8	4			6		3	
					8	1		4
1	6			2	3	5		

68

			4					2
1	6	4		8				9
				3	6			7
	7	8	3		4	9	6	
5	3						1	4
	9	1	8		5	2	7	
7			6	5				
6				2		5	9	1
8					9			

69

		8		1		3	6	4
		7		2	6			
		9	4					
9	7		1		5		8	3
	3	4				5	2	
8	6		2		4		7	1
					8	1		
			6	5		7		
5	8	3		9		6		

70

		8	7		3	6		
4	1		5	6		3		
	9					5	2	
			4	5			3	2
7			3		9			8
3	6			1	7			
	2	4					1	
		6		8	1		7	4
		9	2		4	8		

71

	3	9	5					1
	5		7	6		8		
8					2	7		4
				1	9	6	4	8
		2				3		
1	6	8	4	5				
6		1	3					7
		3		9	7		2	
5					4	1	9	

72

2			7					4
8	7	5				1	3	2
		1	5	8		6		
7			9			8		
	1		2		3		5	
		6			4			1
		2		9	7	4		
1	3	7				9	6	5
9					6			3

73

		6		2	4			8
5	1				7		6	
			5			3	7	1
	9			1		7		6
	4		2		8		3	
1		8		9			4	
9	6	4			1			
	2		9				5	7
3			6	8		9		

74

8					7			
1			5	9				
5				4		7	9	6
	8	1	3		2	5	7	
9		3				6		2
	6	7	8		9	1	4	
6	2	5		8				7
				3	5			1
			2					4

			6	3		7	9	
	8	1	7				4	
	6		4		5	3		
4			3	9				8
2	1						3	9
9				4	1			6
		7	1		2		5	
	5				3	8	1	
	9	3		8	4			

76

3			2		5	7		8
		1		4			9	
9			7		6	3		
	5	7			3			1
8				2				6
2			9			4	8	
		5	8		1			9
	3			6		8		
6		9	5		2			4

77

8						9		1
2	6			5	9	7		
		4	7		3	5		
5	7		3	2				
	3		8		7		4	
				9	6		1	7
		8	6		1	4		
		5	2	4			6	3
1		6						2

78

	7			9	5	2		
8					2	4	3	
1	5		6					7
				2	1	9	7	8
	4						6	
7	9	1	3	8				
5					4		8	9
	8	3	1					2
		6	5	3			4	

79

1			2		7			5
5		4	9		8	2		1
	9			5			3	
	5		6	4	2		8	
6		7				5		4
	8		5	7	1		2	
	1			2			7	
3		9	7		6	8		2
7			4		5			3

80

8	2		7		3		1	5
5			2		9			8
		6		5		7		
		2	5	9	8	3		
1	5						9	4
		3	4	1	2	5		
		9		2		8		
6			1		5			9
2	3		9		4		7	6

81

9		5		3			8	
3	6		1	7				
8		4				2	7	
		1	6					4
	8	9	3		7	5	6	
2					5	9		
	2	7				6		1
				2	1		5	8
	4			5		3		9

82

3	9	7				4	2	5
		5	2			9		
1			3	5				6
		3			5			8
	7		9		1		4	
2			6			7		
7				8	4			2
		1			3	6		
4	3	8				1	9	7

83

			1		6			2
6	3	1		9				4
			3	4	8			6
		9	5		7		8	
5	7						2	1
	8		2		9	6		
8			6	7	3			
4				2		5	3	8
9			4		5			

84

	7			9	5	2	6	
		3	8					
9	5			1			7	3
2					3	4	9	5
1								8
3	6	9	4					2
4	9			8			2	7
					6	5		
	1	8	2	3			4	

85

			1			7	4	9
		4		2	9		3	
6	5				4			8
	9	5		1				4
3			2		8			7
7				4		2	1	
9			5				6	1
	2		7	8		9		
5	1	3			6			

86

			1	9		8	3	
	6	9	8				7	
	7		5		6	4		
9				3	8			1
3	8						6	5
2			6	1				3
		8	7		1		2	
	1				4	6	9	
	3	4		8	2			

87

	7		3	5			2	6
	3	5		8		4	7	
4					9			
		6	4			3	5	1
		8				9		
5	2	4			1	6		
			2					3
	5	1		9		7	6	
9	8			4	6		1	

88

		6			4			
	5		3	2			6	8
4	8				1	9		
9	3				6		4	5
		5		3		7		
2	4		8				3	1
		2	7				1	6
8	7			5	9		2	
			2			8		

		8		1	5	6		
4	3	1				5	9	7
	7				4		1	
		2	1				5	
3			6		7			9
	9				8	4		
	8		5				6	
7	6	9				3	2	5
		4	3	2		9		

90

8	4	7			9			
6				4		5	9	
	5	1	3	7			2	
				2	1			3
2		8				1		9
3			6	8				
	9			1	7	8	6	
	2	4		6				1
			5			7	3	4

2	7	1				8	9	3
		3	9			7		
5			2	3				6
		2			3			4
	1		7		5		8	
9			6			1		
1				4	8			9
		5			2	6		
8	2	4				5	7	1

92

		1		7		9		
7		2		8		3		4
	4		3		6		1	
9		7	8		3	1		5
	5		9		7		3	
3		8	5		4	6		7
	7		6		5		2	
2		5		9		4		3
		6		3		5		

93

2	4		8					
9			5	6		7	2	
		5	7			8		4
4	3		1			2		
	8		4		7		9	
		6			9		3	1
7		1			5	3		
	5	3		2	8			7
					1		6	9

94

1				5		3	9	
3	4	7	2					
	5	6		1	7		8	
			5	6				4
8		1				6		9
4				9	1			
	9		4	7		1	2	
					8	7	3	6
	8	2		3				5

95

			3	9	2			
6						1	7	
4		8		6			2	5
		5			6	9	3	7
	7		2		3		4	
1	8	3	7			6		
3	2			7		5		6
	1	7						4
			4	2	8			

96

3	6			5	4		1	
5			8			3		
4		2	1				7	
	4	3		6				7
		8	4		1	6		
1				8		5	9	
	9				3	8		1
		4			9			2
	7		5	2			3	9

6		4	3	1				5
	5				6	7		9
					5		4	
2		3	7			1		8
	1			2			6	
8		5			4	9		2
	7		8					
4		8	9				3	
1				5	2	4		7

98

6		1	7			2		
3			4	5				
	8					3	1	7
	4		5	1			3	6
7			6		9			8
9	5			4	3		2	
4	7	9					8	
				8	2			3
		2			4	6		5

99

	4	7	9				2	
2			3	8		1		
					7	4	9	6
	5			4		2		9
	3		1		8		6	
1		4		5			3	
3	2	5	4					
		6		1	2			5
	8				5	9	7	

		8	2	9		1		3
					6	4	7	2
7		5		1			9	
			9	5			4	
3	5						8	9
	4			3	1			
	1			7		8		6
2	3	7	8					
9		6		2	4	5		

101

2	4				1		3	
	9		6			8		5
3			2	7		6		
7	3	4		9	5			
8								1
			4	6		7	9	3
		1		5	2			8
9		5			4		6	
	2		8				7	9

102

	2		4		3		1	
4				5				3
6		5		7		2		4
9		4	5		8	7		1
	5		1		7		4	
3		1	6		4	5		8
5		6		8		1		2
7				1				9
	9		3		5		6	

		4	7				1	6
			4			5		
7	5			3	9			4
8	9				1		3	2
		3		8		7		
2	4		5				6	8
3			8	4			5	1
		1			2			
5	2				6	9		

104

	1	7		9		4	5	
4			5		6			2
	2			7			3	
	7	3	9		5	8	2	
8			3		7			5
	9	5	8		4	7	6	
	6			5			8	
7			6		8			1
	8	1		3		5	4	

105

		8	3			9		
3	9	7				5	1	8
	2		1	9			6	
		5	2				3	
7			8		6			5
	4				9	1		
	3			4	7		5	
8	5	6				4	7	1
		2			1	6		

106

		9	6	4	5	8		
	6		3					5
3		5	7			9		2
5					3		4	
8		4				1		7
	2		8					6
1		7			2	6		9
4					7		8	
		3	5	1	8	7		

107

5	7		3			1		
		9			4	6	8	
3			8	2			9	
				1	7	9	2	6
	4						5	
2	9	1	6	3				
	5			7	8			4
	1	2	5			8		
		3			6		1	7

108

6	8	7						4
		5	8			3	9	
			5	4			1	
9	7		1	8				5
	6		7		3		4	
8				2	9		3	1
	1			9	8			
	3	2			6	5		
4						1	6	2

1			6		5		8	
2	4		9					6
			1	8			9	7
		7		6	4	1		
4		3				7		8
		6	8	7		2		
7	8			2	6			
5					8		2	4
	9		4		3			5

110

7		4	8	5		1		
5					2		7	
8	6				1	3		
1				2		9	5	
	2		1		8		4	
	7	8		4				3
		9	7				2	1
	8		9					6
		3		6	5	7		9

111

2					6			
	5	6			7			1
	9		8	3		5	2	
	6	3	5			7	8	
9				8				4
	8	1			2	9	6	
	4	5		9	1		3	
3			4			2	7	
			3					5

112

				8	7	6	9	
	4	1			6		2	
	7		3		2	8		
2				9	8			4
5	1						8	9
9			1	2				7
		6	5		1		3	
	3		8			4	1	
	9	8	2	4				

113

		4		8			6	2
			1	9		3		8
	7	9					5	4
	2				6			7
	6	3	8		9	4	2	
5			3				1	
1	3					7	9	
4		6		7	1			
2	8			6		5		

114

2					3	1	8	
	1	7	9	4		6		
					8			7
	3	9	1			8	4	
5				9				6
	6	8			7	9	2	
1			4					
		4		6	2	5	1	
	7	3	5					4

115

		7		9		3	8	6
		4	7		8			
		3	5	1	6			
	4		8		1			3
1		8				2		9
3			9		4		5	
			6	7	3	5		
			2		5	9		
6	2	5		4		7		

116

		5	2		4		1	
	3	1	5		8		6	
7				3		2		
	8		1			6		2
	2			8			3	
5		9			7		4	
		4		6				1
	7		8		5	9	2	
	1		9		3	7		

117

					3	9	6	8
		4	6	2		5	1	
	8	7		5				2
			2	7				9
7	1						2	4
9				1	5			
5				8		4	3	
	2	3		6	9	7		
1	6	8	4					

118

2	1			3	4			
	8	7		1				9
	9	6				5		3
		4			2		6	
9		8	3		1	7		2
	5		7			8		
5		3				2	4	
6				7		1	8	
			4	5			9	7

119

4		8		2		3		5
7	2			6	5			8
			9				1	
9	4	6			8	5		
		7				2		
		5	6			1	8	4
	6				2			
3			1	4			5	9
1		4		7		6		3

120

9	7			4			8	5
		1	7		6	9		
	3			5			1	
2	1		4		7		5	3
		7	3		5	2		
5	6		2		9		4	7
	2			7			6	
		8	6		2	5		
7	9			3			2	8

121

4							8	7
	9		8		7		3	
1		8	4	9			5	
6		7		2	8			
		9	3		6	1		
			1	4		6		5
	6			5	2	8		4
	5		6		1		9	
7	2							3

122

1	3		8				2	9
	9			2			7	
	8	7			4	1	5	
			1	9		6		7
		4				5		
6		2		3	5			
	2	8	7			3	6	
	6			8			9	
3	4				6		8	5

2			8	4			3	
		6	1				4	9
9		7			2	8		
5	7	9		6	1			
3								2
			4	9		5	1	7
		5	3			1		8
4	2				6	9		
	6			7	8			5

124

4	3						1	
8			1	5		4	9	
2			4		3			5
				6	4	3	7	
		9	2		7	5		
	8	7	9	1				
5			7		9			8
	1	4		8	6			7
	2						3	6

125

		7	6	1		9		2
		2			9		8	3
	4				2			1
3				8		2	6	
	8		4		3		5	
	9	4		5				7
6			8				9	
4	1		3			7		
9		5		6	4	3		

126

	2		1		8			9
	9		7		4		3	8
5				6		2		
	4				2	3		6
	3			4			1	
8		7	9				5	
		9		1				3
2	1		4		7		6	
7			5		3		2	

127

	8		1					
6		2		3		9		8
		9		6	2	7	5	
8	6	7	4					5
3								1
5					8	6	4	2
	1	3	5	8		4		
4		6		1		5		9
					7		2	

128

9		3	1		2	7		
2			5		8	9		
	4			3				8
6	2		4			5		
		8		1		3		
		1			9		8	7
5				7			9	
		9	3		6			4
		4	2		1	8		6

129

	8	6	4			1	7	
	5		2	9	7		8	
		7	1					2
9					1	7		
	3	4				5	9	
		2	5					6
5					4	9		
	4		7	3	5		1	
	2	8			6	3	4	

130

7			6	9			8	5
6		9		4		1		7
	1				2			
5	9	1			3	8		
		4				2		
		8	1			6	3	9
			5				6	
9		3		2		7		8
4	2			1	8			3

4		3				7	8	
8				6		1	9	
			2	4			6	5
	7		5			2		
5		1	6		4	9		8
		9			1		3	
1	8			3	2			
	9	6		1				7
	2	5				4		3

132

		4		1			6	
3	9							8
7			3			5	9	
2		9	1					
					2	7		4
	8	2			7			5
9							4	3
	6			5		2		

133

		1	5	8			4	
					2			8
	3	5		6				
			8					1
		6		3		7		
2					9			
				7		6	5	
9			4					
	7			9	6	3		

134

				4	7	5	2	
						9	1	
3					9			4
					6			9
	8			5			4	
1			3					
8			7					6
	5	9						
	4	2	5	8				

135

6		2	5		7	8		3
7			9	4	6			5
8	7		4		1		9	2
	4						3	
2	6		7		3		5	4
3			6	9	4			7
4		7	1		5	3		9

136

3								2
		9	2		5	8		
	1		4		7		6	
6	9		7		2		3	1
1	4		9		8		5	7
	8		3		4		2	
		1	5		9	6		
5								4

137

				5	6			7
7	4	3		1				5
			4					2
	1					6		
9		8				2		4
		6					7	
1					9			
5				2		3	9	6
6			7	8				

138

2	1	4		7			6	
					2		5	
			4	8			3	
		6						5
	9	8				1	2	
7						4		
	3			9	4			
	7		6					
	4			5		6	1	9

139

	8			5			9	
		9	6		7	4		
3			1		2			5
	1	3				8	5	
6								3
	9	2				6	7	
5			4		6			9
		7	9		5	3		
	2			1			4	

140

9			7		5			3
8		7		2		6		9
7	5						1	2
	8	1				3	4	
2	3						9	6
3		5		6		2		4
1			3		8			7

141

			7			8		
7	6	3		9		5		
				5	1	3		
	1							3
	2	4				7	8	
9							1	
		1	3	2				
		5		8		1	6	4
		9			4			

142

	6		9		7		1	
				6				
		7	4		5	9		
	2	1	7		6	4	3	
8				9				5
	7	6	5		3	1	2	
		8	1		4	2		
				5				
	3		6		8		4	

143

7				1	6			
4				2		8	6	5
9			8					
		9					4	
8	5						1	3
	6					2		
					4			2
5	4	3		9				6
			6	3				7

144

9		4				6		1
	3						5	
	8		9		4		3	
		3		6		1		
	6		1		5		7	
		5		7		2		
	2		8		9		4	
	1						2	
5		7				8		9

145

3			4	6	5			7
6		7	8		2	3		5
9	6		5		8		3	1
	7						5	
5	2		3		7		4	9
7		1	2		3	9		4
2			6	5	4			3

146

				3	2			
8		2		4	5	3		6
	5							
5				1			9	
9			3		7			8
	3			8				5
							7	
4		1	6	7		8		9
			1	2				

147

4		3		2				
			3		8		5	
9			5					
3	6				5			
2				3				4
			1				7	6
					9			3
	1		7		3			
				4		8		9

148

		4	6		7			
					4			5
				8			7	9
1		3			2			
9				7				8
			4			1		7
5	6			9				
7			5					
			7		3	2		

149

	5		8		1		4	
6		2		3		9		8
	1						7	
		9		6		7		
			3		5			
		7		1		4		
	7						6	
2		4		5		8		1
	9		6		2		3	

150

6	1		8		7		4	5
8			6	3	2			7
1		6	5		8	7		3
		3				5		
4		8	9		3	2		1
5			3	2	6			8
3	8		7		9		5	2

151

9			7		1			2
1		3				5		7
	2						8	
		6		8		1		
7			4		2			3
		1		5		4		
	1						5	
6		9				3		4
5			1		4			6

152

6			9		3			5
	7						3	
		3	7		8	1		
	2	8	4		7	6	5	
	5	4	2		1	8	7	
		9	6		5	2		
	1						9	
2			3		4			8

153

9			6		7			4
		4		5		3		
	5		2		8		1	
6		7				4		8
	1						6	
3		5				2		1
	4		9		6		5	
		9		2		8		
1			4		5			7

154

4	6		7	1		5		
1	3						2	7
				2				
					2	3		6
		3				2		
2		5	6					
				7				
8	2						7	4
		9		4	8		5	3

155

	1						7	
2		6		8		5		3
	4		5		1		9	
7				1				9
			8		4			
3				6				7
	3		6		2		8	
9		2		4		1		5
	7						6	

156

		5	9		7	4		
9	1			3			6	2
		8				7		
	8			2			1	
			3		4			
	5			7			8	
		2				8		
7	9			4			5	6
		3	2		6	1		

157

		1	8		4	3		
8								6
	2		7		6		5	
9		6	3		7	8		5
5		4	1		9	7		2
	3		6		1		7	
1								4
		2	9		8	5		

158

5		1		4		9		2
2	8						6	7
	2		3		1		4	
3								8
	5		2		8		9	
9	6						3	1
8		5		2		4		6

8		5	2		3			
	6			1				
3		1			4			
1		4	3		6	5		9
	5						6	
2		6	7		9	8		1
			4			7		5
				7			2	
			1		2	6		4

160

1	3			9				
4	7							
		9			4	6		
			8			5	7	
	9			7			2	
	5	4			6			
		8	1			2		
							3	4
				2			9	7

161

2								4
	8		4		7		9	
		4	3		5	1		
5			7	3	6			9
		7				3		
9			5	4	2			6
		2	6		4	5		
	3		8		9		6	
8								1

162

		8	5		1	4		
				2				
7			8		6			5
4		1	6		9	5		7
	8			3			2	
9		6	7		2	1		4
6			9		3			1
				6				
		9	2		5	3		

163

	6	2	1	7				
	1							
			4					9
3			8			2		1
	7			1			6	
1		8			9			5
8					5			
							3	
				6	4	1	2	

164

		8				7		
	7		5		1		3	
3			9		4			2
	2	3	4		6	1	5	
	4	1	3		8	6	2	
5			7		9			1
	9		6		2		8	
		6				9		

165

		9	6		5	3		
3								2
	8			1			9	
1	5		9		7		8	6
			8		2			
8	2		5		1		7	3
	4			2			5	
6								7
		8	7		6	4		

166

		4	9			2		
8	6							
5	3			4				
					1	8	7	
	4			5			3	
	5	7	2					
				3			6	9
							5	8
		1			8	3		

167

		9	8		2	4		
2				5				6
	1		9		7		8	
8		4				6		5
	6						7	
7		5				9		3
	9		4		6		3	
6				2				9
		3	5		1	2		

168

5	8						6	3
	6	7				2	1	
			2		7			
3			5		6			4
			1		2			
7			9		4			8
			3		8			
	5	8				9	3	
1	9						8	7

169

9			3				6	5
	4	2						9
	3		9			7		
			8				5	
		1				8		
	6				3			
		3			6		1	
7						2	9	
5	1				7			4

170

6	9	8		5		7		
			9			4		
				7	1	8		
1							8	
2		3				9		4
	5							1
		1	8	2				
		5			3			
		7		4		1	3	6

171

	3			4	7			
	4			5		2	3	8
	1		2					
		3						7
1	2						6	9
7						5		
					6		5	
8	7	6		1			4	
			3	9			7	

172

7		8				1		9
			4		7			
4	9						7	2
		7	9		3	8		
			1		6			
		3	2		5	4		
1	6						8	5
			6		8			
5		4				2		7

173

9			5		1			3
	8						9	
		4	6		9	7		
	7		8	9	5		2	
6								1
	5		2	1	6		7	
		1	7		4	2		
	4						3	
8			9		2			5

174

2								6
8	4			1			5	9
	3		2		6		8	
			3		9			
9								2
			4		1			
	8		9		7		1	
1	6			3			9	7
7								4

175

					3			4
1	3	5		2				8
			8	5				9
		2					3	
6	1						7	5
	8					4		
9				7	8			
3				4		6	8	1
2			6					

176

	2	7				4	5	
		1	7		4	9		
9								6
	7			5			3	
		4	9		3	2		
	8			6			7	
7								5
		5	3		7	8		
	1	8				3	2	

177

	4	1				5	9	
3				5	1	6	7	
				9				
					4	8		6
6								4
7		4	8					
				4				
	8	5	9	2				7
	6	2				9	4	

178

9								2
	1		5		8		9	
		7	3		6	1		
4	7		1		2		6	8
8	5		6		4		7	1
		8	9		3	5		
	2		4		7		3	
3								4

179

8		4				9		6
5			8		7			4
		3				2		
	8		7	2	6		5	
	4		3	9	1		2	
		8				5		
9			5		4			1
3		1				6		8

180

				1		9		3
						2		8
	6				4		1	
	8	7	5					
		9		3		1		
					6	3	7	
	9		8				5	
8		3						
4		2		9				

		4	9		7	3		
	1			2			9	
7			8		3			6
	5	3				2	8	
8								1
	2	1				4	7	
5			1		4			3
	3			9			1	
		9	6		2	5		

182

							5	6
				2	5		3	7
		8			9	2		
					1	4		
	3			5			2	
		6	8					
		3	6			1		
5	7		9	3				
6	4							

183

		8	9		6	7		
5	2			4			3	6
		9				1		
	1			9			7	
			8		4			
	3			5			1	
		1				5		
2	7			8			6	9
		3	2		5	4		

184

4	5	1		2				8
				5	8			6
			1					3
	2					1		
7		4				9		5
		8					3	
2					7			
6			8	9				
1				3		8	7	4

185

1			5					
8				6		5	9	4
7				9	8			
	1					8		
9		2				4		3
		5					6	
			8	2				7
4	3	8		1				5
					3			6

186

2		6		3		8		9
	7						2	
4			2		9			6
		3		1		2		
			8		5			
		2		7		1		
8			1		2			4
	5						8	
3		7		4		9		1

187

4		2	8	1		6		5
			2	6				
	8							
8				9			3	
3			7		6			4
	6			4				8
							7	
				2	9			
1		9		7	5	4		3

188

2			8		6			3
	9			2			5	
		3	7		5	9		
9	3						1	8
		1				5		
5	8						4	7
		4	9		1	6		
	5			8			2	
7			4		2			9

189

3			9		6			8
		7	2		4	1		
	5			1			3	
7	4						1	5
		6				7		
2	3						9	6
	2			4			8	
		1	6		8	3		
9			1		3			7

190

5						1		
7		8		6				
			2				3	
		7			4		9	
6		4		5		3		1
	2		3			6		
	4				8			
				1		5		6
		9						7

191

			8	5	6			
	9						6	
6	8		9		3		5	2
8	6		2		4		7	5
5								1
1	7		6		5		4	8
7	2		5		9		1	6
	3						2	
			7	2	1			

192

6				3		5	4	7
1			4	8				
2					5			
		2					6	
5	7						8	9
	4					3		
			6					3
				9	4			1
7	6	9		2				4

193

7		5				6		4
8			2		7			5
		1				3		
	5		9	6	1		3	
	7		4	3	2		8	
		7				8		
6			5		8			9
1		9				4		7

194

	9		5		4		7	
	5	7				2	6	
		8				1		
7			8	2	3			1
5			4	1	6			9
		5				9		
	8	3				6	5	
	2		9		7		3	

195

	8		9		2		5	
		5				6		
1			5		7			3
		4	2	5	6	1		
	9						7	
		1	7	9	4	2		
4			3		1			9
		8				3		
	2		4		5		6	

196

	5	8						
	1	3		7				
7			4					2
9	3		2					
	7			3			1	
					6		9	8
6					8			1
				1		4	5	
						8	3	

197

7			2		9			6
		1				8		
	4		1		5		3	
5		9	3		4	6		2
8		6	9		1	7		3
	7		5		3		6	
		2				5		
1			8		2			4

198

4	7	6		3			5	
			5	6			8	
					4		9	
		3						4
7	1						6	2
5						9		
	3		1					
	8			2	5			
	4			9		1	7	5

199

	7	1			4		3	
	6	5					4	
				6	9	8		
			4			3		
4		7				1		2
		2			5			
		9	6	4				
	4					9	2	
	2		5			6	1	

200

9								3
	8		9		3		1	
		1		5		6		
8		5	7		6	3		2
			5		8			
7		6	3		4	8		9
		8		7		4		
	4		6		9		2	
2								5

	2						8	
		4	9		5	3		
6			7		2			5
	7		4	9	3		5	
		1				6		
	3		5	6	1		7	
2			1		9			7
		9	3		6	8		
	4						9	

202

6	1		9	3			7	5
		9						
			6	5				
		5		1			9	
	8		4		5		1	
	9			2		8		
				6	2			
						4		
2	3			4	7		8	1

203

								1
		6	5					
			4	8			7	3
		1			6	7	3	
9				7				8
	6	7	2			5		
8	3			9	7			
					4	2		
7								

204

	2						6	
	8	9	4		1	7	2	
			8	2	7			
	3	5	1		9	8	7	
		8				1		
	7	1	3		2	5	9	
			9	1	5			
	1	2	6		4	9	5	
	9						4	

205

				6				
	7			3	4	1		8
6		4				3		9
					8	6	7	
	6						9	
	9	8	6					
4		1				5		6
7		9	5	1			2	
				4				

206

	3	5		8				
		4			9			
			6		3			9
					1	2		7
		8		3		5		
2		3	9					
1			3		7			
			4			3		
				5		4	6	

207

	4		7	5	6		1	
	2	3	1		4	8	7	
4	5		2		1		8	7
2								5
6	8		9		5		3	1
	6	2	4		9	1	5	
	1		5	6	7		2	

208

3		4	8		5	1		7
			1	3	7			
1								5
6		3	2		4	7		1
		9				3		
2		7	3		1	9		6
4								8
			9	4	6			
9		1	5		3	6		4

209

	9		8				6	2
4			3	7				
	8						7	5
9					8			
2		1				8		6
			5					1
3	1						8	
				8	7			3
7	2				5		1	

210

		1	6		2	9		
2								8
	7	6		5		2	1	
	2			4			5	
			3		7			
	4			8			2	
	6	4		9		5	8	
7								3
		9	2		4	7		

211

		7				5		
3			8		2			6
	4		9		7		1	
5		6	7		8	3		1
9		8	4		1	6		2
	3		1		9		6	
7			2		5			4
		2				9		

212

			1		5	2		8
			4		2	9		3
				3			6	
6			9		7	8		1
	1						9	
7		8	5		3			6
	3			2				
2		1	3		8			
4		7	6		1			

213

	1						6	
4			7		3			8
		8	9		2	1		
	5	4	6		8	7	9	
	9	2	5		7	4	8	
		6	4		5	3		
9			3		1			2
	3						5	

214

7		6		3		2		4
		5	1		4	6		
	6	7				3	5	
5	9						2	8
	8	3				4	1	
		4	2		5	8		
3		9		7		5		1

215

		7				8		
	3	1		5		7	2	
	9		2		7		1	
			5		2			
		2				4		
			8		1			
	5		4		3		9	
	8	9		1		2	6	
		4				3		

216

	6			3			4	
		4	9		5	7		
1			2		8			3
	4	2				5	9	
5								1
	8	1				6	3	
3			5		7			4
		9	3		4	1		
	2			8			7	

217

2				1		5	4	3
7					4			
6			5	8				
		5					1	
4		3				8		9
	7					2		
				9	5			6
			2					1
3	9	2		7				5

218

		2	7		8	4		
7			9		6			8
				2				
4		5	2		7	1		6
	3			8			9	
2		7	1		9	5		4
				9				
3			6		4			5
		1	3		2	6		

219

		7		2		8		
4			9		3			7
	2		6		1		5	
8		2				1		5
	5						3	
3		9				7		6
	7		3		4		2	
5			2		7			9
		4		1		6		

220

2				8				3
			9	4	1			
9	8		2		3		6	4
	6						8	
3								2
	5						7	
7	9		3		6		1	8
			8	7	5			
6				1				5

221

6	9			5			8	4
		3	6		2	1		
		7				2		
	3			2			7	
			5		1			
	7			4			9	
		4				7		
		5	4		8	9		
2	6			1			3	8

222

3	6						1	9
			2		8			
	7	2				8	6	
5			9		6			3
			7		2			
1			4		5			8
	3	4				1	9	
			3		1			
8	1						4	7

223

			4	2	9			
		8				2		
	4	2	3		1	9	6	
	9	4	6		3	7	5	
	3						9	
	5	6	2		7	4	3	
	6	5	1		8	3	2	
		1				6		
			5	3	6			

224

6								8
	2		8		3		9	
		5	7		6	1		
9		7	4		5	3		2
4		8	3		1	6		9
		2	6		4	9		
	1		5		8		3	
5								7

225

	4		5		6		1	
1	2						3	7
3								5
		3	9	8	7	5		
		6	2	4	1	8		
2								8
6	3						7	4
	5		3		9		6	

226

9								3
	3		9		8		4	
		6	2		3	5		
5	7		1		4		8	9
1	8		7		9		6	5
		1	3		7	8		
	2		6		5		1	
4								2

227

7					2			
	4		7	8			6	
	1						3	
	7	1		5				
	6	2	3		4	1	5	
				2		3	9	
	2						4	
	9			4	7		8	
			8					5

228

	2	9		3		4	1	
	1						5	
		8	1		4	2		
			4		3			
	4						7	
			2		5			
		3	9		7	8		
	7						9	
	8	5		2		6	4	

	1		7		4		8	
	8						6	
7		4				3		2
8				2				3
	2		6		3		9	
6				9				5
9		6				4		1
	3						5	
	5		4		1		7	

230

			3	1	7			
3	6		4		5		7	1
1								8
9	2		5		6		3	7
	3						5	
7	5		9		1		2	6
6								4
5	1		8		4		6	2
			6	5	2			

231

		3	1		4	2		
4								1
6		9		7		8		3
			2		6			
1								6
			8		7			
5		6		2		4		7
8								5
		7	6		5	3		

232

		3	5		4	1		
		6				3		
9	7						4	5
8				2				6
		2	6		7	9		
7				9				3
1	4						6	2
		8				7		
		5	4		1	8		

233

5	3			6			2	7
2			5		7			8
		7				1		
	7			4			6	
			9		3			
	4			1			7	
		3				9		
8			7		4			3
4	5			8			1	6

234

	7	4		1	5			
					9			8
	5							
5		3	8					6
	1			5			7	
2					3	4		5
							2	
3			6					
			9	7		5	4	

235

5			7		1			6
				9				
		9	6		5	2		
9		5	1		8	4		2
	3			6			1	
2		4	5		9	8		7
		8	9		3	7		
				1				
3			2		7			4

236

		5				7		
7			5		2			9
	6		1		7		4	
8		4	3		9	5		2
2		3	8		5	4		6
	3		7		8		2	
1			6		4			3
		9				1		

237

	9		1		5		4	
6			3		8			5
		5				2		
		7	2	5	3	9		
8								1
		9	7	8	1	3		
		6				4		
3			5		7			2
	7		9		4		8	

238

7						1		5
5			8			3		9
		1	3	7				
		5			8			
	7	2				9	5	
			7			4		
				3	1	6		
2		9			7			4
3		8						7

239

3								2
	5		6		2		8	
		4	3		1	9		
7		2	9		6	3		8
8		1	4		7	6		5
		5	7		3	8		
	9		2		4		6	
4								1

240

	2			1	6			
	4		5					
	3			9		6	8	5
		6						9
	5	8				1	7	
4						3		
7	8	3		4			6	
					3		9	
			6	7			2	

241

2		4						
6		9	7	8				
	8		4				1	
					1		2	
8				9				3
	4		5					
	5				7		3	
				3	9	6		8
						4		9

242

2				7	4	8		
4		9		5				
			6				7	
	6		1					
5				9				3
					7		2	
	1				8			
				3		4		5
		3	5	1				9

243

		5					4	6
3		8			1	5		
	7				5			1
8					9			
	9						2	
			1					3
2			3				1	
		6	7			8		2
5	4					7		

244

		4	8		9	2		
	1						3	
	5	7				8	4	
1			3	5	6			4
2			9	1	7			8
	7	8				3	6	
	2						8	
		6	2		4	5		

				8		6	3	
9			5					8
						2	7	
7		4			1			
		6		3		8		
			9			3		4
	7	3						
6					7			1
	5	2		6				

246

					5			6
	1		3	6		4		
	3	8		7				
			6					1
	7			8			2	
5					9			
				2		3	7	
		2		9	7		8	
9			4					

	7		1		4		6	
	9						1	
4		3		8		2		5
		9		5		3		
			6		8			
		7		1		9		
1		4		6		7		2
	5						9	
	8		2		5		3	

248

		6			7	1		
							7	3
				1	8		9	2
					4	7		
5				9				1
		3	6					
1	2		9	5				
9	7							
		5	8			4		

249

8	5						9	6
	6	1		4		7	2	
9			2		4			7
	2						8	
1			5		8			4
	4	9		1		5	7	
6	3						4	2

250

			3	5	8			
	7						3	
3	8		1		7		5	9
8	3		2		9		4	5
5								6
6	4		5		3		2	8
4	9		7		5		6	3
	1						9	
			6	9	4			

251

7								4
	4		9		1		2	
		6	4		3	8		
8			1	4	7			5
	3						9	
1			3	9	5			8
		9	6		8	5		
	7		5		4		1	
6								2

252

3			7		2			4
	6		8		3		2	
				9				
8	5		9		6		4	7
		3		1		9		
7	4		5		8		6	2
				8				
	8		1		5		7	
5			2		9			1

253

					1		9	
		5	9	3		2		
		8				7		
				6		9		7
7		6	8		2	5		1
8		4		1				
		2				1		
		3		2	9	4		
	6		3					

254

8			2		5			
					8	3		
				1		7	5	
			8			5		6
		7		5		1		
4		6			9			
	2	3		7				
		5	3					
			5		4			9

255

		9		7				
8	3		6		2			
7	2				1			
1	7		2		9		5	8
		8				9		
9	6		4		5		7	3
			1				8	4
			7		6		1	9
				4		6		

256

4		5				8		
		1	2				9	7
	9			1				6
					3	9	8	
	2	4	9					
6				3			4	
8	1				5	2		
		7				5		8

257

	6						5	7
2				1		4		
8		4	3				1	
			4			3	7	
	4	6			9			
	3				5	1		6
		7		9				2
6	5						8	

258

8		7	6	5		4		3
							6	
			3	8				
		6		4			8	
		4	2		8	9		
	9			1		6		
				3	1			
	2							
4		9		2	7	5		1

		7				3		
		4	7		6	8		
9	5			2			1	6
	1			9			3	
			4		2			
	3			7			8	
5	8			4			6	7
		1	5		9	2		
		3				9		

260

7				2				6
	9		3		8		7	
		4				9		
6		3	7		1	2		8
			6		4			
1		9	8		2	6		4
		1				3		
	5		1		3		6	
8				4				5

261

3	4		8		1		5	7
	1		6	9	4		8	
	3	4	1		5	8	9	
		9				5		
	7	1	9		2	6	3	
	5		4	6	9		1	
1	9		2		8		6	5

262

				3				
		7	6		4	2		
	4		5		7		3	
	9	8	4		1	7	5	
7				8				1
	1	4	7		2	3	9	
	8		9		5		6	
		5	2		6	9		
				1				

263

5	7			9			6	1
1			8		7			4
7		8				2		9
	2	5				3	4	
9		4				1		6
2			5		4			7
4	8			6			9	3

264

		9						
1		5	7	6				
			8				3	
5	1				3		9	
		6		1		4		
	8		2				1	3
	2				7			
				4	1	6		5
						1		

265

7	5						2	6
			4		6			
9		6				7		4
	4		9		1		3	
			5		8			
	2		7		3		6	
1		2				8		5
			8		2			
6	9						4	1

266

4	2						5	3
		8				7		
		7	5		3	6		
	4			2			7	
		1	8		4	2		
	9			1			8	
		5	3		6	9		
		9				4		
3	6						1	8

267

	5			1				4
8		6				7		
		1	9				5	3
	9	8	5					
					2	5	7	
7	1				6	9		
		3				6		7
4				2			8	

268

					8			4
	1		2	4		7		
	2	3		5				
			4					1
	5			3			6	
8					9			
				6		2	5	
		6		9	5		3	
9			7					

269

	8		2		7		4	
		7		1		8		
4			3		6			1
3		5				4		8
	7						5	
2		9				3		7
8			9		1			2
		1		3		7		
	6		8		5		9	

270

	2						6	
9			2		4			7
		3	1		6	5		
	7	4	8		5	1	9	
	9	6	4		3	2	8	
		9	6		8	7		
4			5		2			3
	1						5	

271

				1				
6			7		4			8
		5	8		6	1		
4		2	1		8	9		5
	7			6			3	
5		9	2		7	8		1
		4	3		1	2		
9			4		5			3
				7				

272

			3		7		1	4
				6		7		
			4				6	8
7	1		6		5		2	3
		8				1		
3	4		9		1		8	5
9	3				4			
		1		3				
2	8		7		9			

273

		7				3		
		6	3		8	9		
4	8			2			1	5
7				1				4
			9		2			
6				3				7
8	3			9			5	6
		2	5		1	4		
		1				7		

274

	9		2					
4	2			6				
			9		3	7		
	5	3			7			
	6			9			1	
			8			5	9	
		8	4		9			
				1			6	9
					8		2	

275

	7		2		8		4	
				9				
		8	7		4	3		
	5	7	6		2	9	1	
9				3				6
	6	4	1		9	7	3	
		5	4		6	1		
				5				
	2		8		1		6	

276

		5	3		2	9		
3								6
	1	2		8		3	5	
	7			6			3	
			1		4			
	3			7			8	
	2	7		9		8	6	
1								4
		9	7		3	1		

277

	1						2	
3			7		1			4
7		9		5		3		1
		1		8		5		
			6		9			
		8		2		1		
8		7		4		2		5
4			1		8			9
	9						6	

278

2	4			3			9	8
	9						6	
7			9		8			4
			8		3			
	8						1	
			4		6			
3			2		1			7
	1						2	
6	7			4			8	5

279

7	4			2			1	8
	9	5				4	6	
		7	5		9	2		
	1						5	
		6	2		1	8		
	3	4				1	2	
6	2			7			8	9

280

				3				
		5		8	1		4	7
1	3						6	8
					4	5		3
		3				6		
4		6	3					
7	1						3	2
6	5		2	7		9		
				1				

281

				8				
		4	6		1	5		
1			4		3			6
9		1	3		2	8		7
	8			5			2	
2		6	8		7	1		5
3			7		4			2
		9	2		6	7		
				9				

282

9		3	8		6			
	2			7				
8		7	5		2			
5		9	2		4	6		
	8						1	
		6	9		1	8		5
			7		3	2		1
				2			6	
			4		8	5		7

283

5					1			
				2		4	9	
	2		4	5		3		
					6			8
		4		3		2		
7			5					
		8		6	9		1	
	3	9		4				
			7					6

284

		9				8		
	8		3		9		5	
4			8		6			2
	3	7	9		1	2	4	
	1	2	5		7	9	3	
7			1		8			3
	6		2		4		7	
		5				6		

285

	1	7						
3			8					5
	2	9	1	3				
					5			7
	3			1			2	
6			4					
				2	8	1	9	
4					7			2
						7	6	

286

	6		2	5			8	
					7	2		
	3						1	
3	4			7				
1	9		3		8		6	7
				9			2	1
	8						7	
		9	5					
	5			8	2		4	

287

3		6				4		1
		2	4		6	7		
	5						2	
8				3				4
		1	2		8	6		
4				5				9
	3						4	
		9	8		4	3		
1		8				9		7

288

	1		3		4		8	
		6				4		
	3	4		5		1	7	
			6		1			
		2				3		
			5		3			
	9	3		1		8	6	
		7				2		
	8		2		7		5	

289

	7	1				6	9	
2		6				4		3
			3		2			
	2		8		5		1	
			4		3			
	9		7		6		5	
			9		1			
1		7				9		8
	4	8				1	2	

290

	2		4	9	6		5	
5	4		8		1		9	2
	7	5	1		4	9	3	
		4				2		
	3	6	2		5	8	4	
3	6		5		8		2	7
	5		6	4	9		8	

291

			4	3	6			
6		4	9		1	3		8
		9				6		
4		6	8		7	5		3
3								2
2		5	6		3	7		4
		1				8		
5		8	3		9	2		6
			5	8	2			

292

					9	2		
3	9	6		1		7		
			4	7		6		
	1							4
5		8				9		2
4							6	
		4		5	6			
		7		2		4	8	3
		1	8					

				2			8	
			8		7	2		3
			1		3	9		6
		1	4		8	6		7
	5						3	
7		3	5		6	1		
2		7	3		4			
5		8	9		2			
	1			8				

294

	6	5		9		2	1	
	1		7		5		3	
7	5						9	8
6		8				3		4
3	9						2	1
	8		6		3		5	
	3	7		2		9	4	

295

		3	7		8	5		
4								3
	5			9			2	
3	6		9		7		4	2
			4		2			
8	2		6		5		7	9
	7			4			1	
6								8
		1	8		6	2		

296

					3			7
	9	8		5	4			
	2							
3					6	7		8
	5			8			1	
8		9	7					2
							8	
			8	1		9	5	
6			4					

297

	6						7	
4			5		6			2
		8	7		9	1		
	4	7	8		5	6	3	
	2	5	1		3	9	4	
		4	3		7	2		
5			6		1			8
	9						1	

298

6								3
9			7		8			6
	8	7				1	4	
		3		2		5		
1			3		4			2
		6		1		4		
	3	2				9	8	
5			8		9			7
4								5

299

		8		4		1		
			9	5	3			
4		9	8		1	5		6
2								7
		1				8		
6								4
9		7	1		6	4		3
			4	7	2			
		6		3		2		

300

				9	8			
2								
	4	3		2	5	1	8	
3				8		6		
		4	2		7	3		
		6		4				7
	7	5	6	1		4	9	
								6
			9	7				

301

1		2		4		8		5
	7						1	
3			5		1			2
		4		6		1		
			9		8			
		1		7		6		
8			1		6			3
	9						8	
4		7		3		5		6

302

8	2						3	7
				8				
		4	2	3			9	6
	6	7			8			
		8				7		
			6			4	8	
4	7			9	1	5		
				2				
2	9						1	8

303

	9						3	
	2	7				8	5	
		5	1		8	4		
9			6	2	3			5
4			7	9	1			8
		6	5		4	2		
	7	8				3	6	
	4						8	

304

6		8		1				
9			6					
			9		4		2	
			5				3	9
1				9				7
3	4				2			
	5		8		9			
					5			6
				7		9		1

305

		2	3					
		8		1		6	3	9
		4		9	8			
	3							1
	7	9				5	6	
2							8	
			8	7		4		
5	8	6		2		3		
					5	1		

306

3				1				4
	8		9		5		6	
		9	2		4	5		
5	3						2	8
		2				6		
1	6						7	9
		6	3		1	9		
	5		8		2		4	
7				9				5

307

		7			8			
9			3	7			2	
				6			3	4
					1	8		
	5			4			6	
		2	7					
3	6			5				
	4			1	6			5
			9			1		

308

5			1		9			3
6	3			8			1	9
	1						2	
			3		2			
	9						7	
			9		8			
	7						6	
2	5			3			9	4
8			6		7			5

309

9			2		4			6
		3	6		9	1		
				3				
1		7	9		3	5		2
	8			6			4	
3		9	4		5	7		1
				4				
		5	3		8	2		
8			1		2			7

310

8	1			9	4			
					6	3		
	7							
1		8	3			7		
	9			8			2	
		6			5	8		3
							8	
		5	4					
			8	2			9	1

311

	4		5		6		9	
1			7		3			2
		3				8		
	7	5	1		2	9	6	
	8	9	3		5	4	2	
		6				7		
4			2		7			9
	3		6		8		1	

312

				7			9	6
		2			4			
	3							8
	7				2	4		
3	2			8			5	7
		1	5				6	
6							1	
			9			5		
7	8			3				

313

	6		3		2		5	
4		1		7		2		8
	3						9	
9				3				5
			6		7			
8				1				9
	9						1	
5		4		6		3		2
	8		4		1		7	

314

1			3					8
						3	6	
				8		4	5	
9	6				7			
	2			6			8	
			1				9	3
	8	6		2				
	5	3						
2					4			7

315

			4		8	9		1
				9			6	
			7		5	3		4
		6	2		1	5		3
	5						1	
3		2	9		7	6		
2		8	5		6			
	9			4				
5		4	3		9			

316

	3		9		6		2	
9			3		5			8
				8				
1	7		4		9		3	5
		3		7		4		
4	9		2		3		8	1
				4				
7			5		1			6
	5		6		2		1	

317

	5						4	
2		1				8		3
	4		3		8		9	
		2		1		4		
	6		2		5		1	
		7		6		5		
	8		9		3		7	
3		9				6		5
	7						2	

318

	4						7	
1			7		8			5
		6	1		2	9		
	8		3	5	1		6	
		5				3		
	1		6	2	9		8	
		4	5		6	2		
8			2		3			7
	2						9	

319

	2		8		3		9	
	1	4				2	6	
		8				1		
8			7	5	4			1
5			6	9	2			3
		5				6		
	4	9				3	1	
	3		1		7		8	

320

	6						9	
1			9		6			8
		2		7		1		
	9	8	6		4	2	5	
			7		8			
	3	6	5		2	7	8	
		4		5		8		
3			2		9			4
	7						3	

321

1		8				7		9
	2						4	
	3		8		1		2	
2				9				7
	9		7		4		6	
4				6				5
	5		3		8		1	
	7						5	
6		4				8		3

322

			5	7			9	
	7							
					9		2	3
		6		5				4
7			1		2			8
4				8		3		
1	9		8					
							8	
	2			1	6			

323

				8	7		5	
					4			
	9							
		5				3		2
		6		1		9		
7		4				8		
							7	
			2					
	3		9	6				

324

			3		4		1	
7		3						
	6	5				9		
4				7				
	9		1		5		2	
				4				7
		2				3	6	
						5		1
	1		9		8			

325

		9		2	7			
						5		
	2	4	5					
7				8			1	
	3		2		9		5	
	1			5				6
					4	9	6	
		3						
			8	3		4		

326

		9			7			
8							2	
	7			4			1	5
			1		9	8		
	1			5			4	
		6	3		4			
7	2			1			6	
	5							4
			6			3		

327

3				1	6			
					4			
								9
	5					4	3	
	1			8			6	
	7	9					2	
6								
			7					
			9	2				5

328

	2				8			
6				5				2
7		8			1		3	
4		3			2			
	6						9	
			7			1		4
	5		9			2		1
9				6				5
			5				7	

329

	8		3				1	
		7	1				9	8
		2			7			6
							2	3
		1				6		
4	5							
2			6			8		
5	7				2	1		
	9				3		7	

330

	7				5			
9		8	2			3		
	3				1			7
			5	9		6		3
4		6		1	7			
5			6				3	
		1			2	9		5
			1				6	

331

					5	6		
	7			9		2	5	
6		1			7			
		6	9			7		5
7								3
5		4			1	8		
			8			3		9
	2	9		1			8	
		5	4					

332

		6		8			3	
	4				7			
8	2				1			9
			2			3	9	
3								8
	5	4			6			
6			1				5	3
			5				6	
	7			9		2		

333

5					4			
		3		2		8	1	
	2					9		
3			5		8			
		8		9		2		
			2		7			6
		6					4	
	9	1		8		6		
			3					7

334

			9	3	7			
		5					4	
			2					
						3		2
		7		6		1		
8		4						
					4			
	3					9		
			5	1	8			

335

7				9				5
2	8		5			7		
		6	7					
1	2		6					
		5				9		
					8		3	1
					4	8		
		3			2		4	6
8				7				9

336

	7		4					6
	9		3				5	
1		8						
	2				6	5		3
			5		7			
5		6	8				2	
						3		1
	1				3		7	
8					1		6	

337

					6			4
		2		7			9	
	3						5	1
		8		5		6		
			6		4			
		7		2		1		
5	1						7	
	9			3		2		
2			4					

338

		6			7			
5							3	
	3			2			9	1
			2		8	7		
	4			1			2	
		3	6		4			
9	2			4			7	
	1							4
			5			8		

339

	3					7		
			4					2
	1	5		8			4	
4			2		7			
	8			3			7	
			8		9			6
	5			7		3	8	
9					5			
		6					1	

340

8						6		
		6		2		4		1
	7		5					
			9		2		5	
		3		1		2		
	6		3		7			
					8		9	
4		2		3		5		
		1						3

341

	8					6		
			1					9
	4	3		6			7	
			4		9			7
	6			8			4	
2			5		6			
	2			4		8	3	
5					7			
		1					2	

342

	8							
			6					
			4	3			7	
2						8		1
4				9				3
7		6						5
	5			2	8			
					1			
							4	

343

			1					
		4	8	6				
						5		
7	9							4
5				2				3
6							8	1
		8						
				3	5	7		
					9			

344

					4			
			2	9	5			
	7							8
						5	4	
	9			1			3	
	8	6						
4							2	
			7	8	3			
			6					

345

	8					7		
					3			1
	5	9		2			3	
3			7		1			
	2			8			7	
			4		2			6
	9			7		8	2	
4			9					
		6					5	

346

		9						
					4			
				8	7	6		
5							9	2
7				1				8
6	4							3
		3	9	5				
			2					
						7		

347

		6		5			7	
					3			8
	4						2	1
		9		2		3		
			3		8			
		5		6		1		
2	1						5	
6			8					
	7			4		6		

348

					4			6
	5					2		
	1	7		8			4	
4			2		6			
	8			5			2	
			3		8			9
	7			2		5	8	
		9					1	
3			7					

349

					8		9	
6							4	2
		3		1				7
		1		3		4		
			8		9			
		5		2		8		
7				6		3		
4	2							1
	3		9					

350

			9	4	8			
	5							2
					1			
4		1						
6				3				9
						7		5
			5					
8							4	
			7	6	2			

351

	9				4			7
	7				8			
1		3	2			9		
			8	1		6		9
5		6		4	7			
		4			2	1		8
			4				6	
8			6				9	

352

		8	7				3	
						7		2
	7		2				9	
3		5			8		6	
			9		5			
	6		3			2		5
	4				2		5	
8		7						
	9				1	3		

353

						9		3
	5		7				6	
		4	1				2	
5		7			4		8	
			5		2			
	8		3			5		4
	4				9	3		
	2				7		9	
7		9						

354

			1				5	9
7	9			5				
		6	3			7		8
3		1					6	
	5					1		7
6		8			4	9		
				7			3	6
4	3				2			

355

			7			4		
		1		6			8	
4			9			7		3
	5	7			4			
3								2
			8			6	3	
2		8			9			6
	4			2		3		
		5			1			

356

	8	6		2				
			9			2	6	
7			5				3	8
9	5					7		
		2					8	9
3	7				4			6
	4	5			1			
				8		5	7	

357

				7	1		5	
					9			
	4							
3						4		8
1				6				7
5		9						2
							1	
			8					
	2		4	3				

358

		5			6	3		
							8	2
9					1	4		
		7			8		9	5
			4		5			
6	5		9			7		
		9	2					8
2	6							
		4	6			2		

359

	2	1		5			3	
					3	6		1
		7			8			
		4			1	9		7
9								6
7		8	5			3		
			7			4		
4		5	9					
	9			1		2	7	

360

			9	2	7			
			5					
		4					1	
5	2							
	3			8			7	
							4	6
	9					2		
					4			
			1	3	6			

361

		4					5	
			7					9
	2	3		6		7		
5			9		3			
		6		2		3		
			6		8			1
		1		3		4	7	
8					1			
	6					2		

362

		7	6					
4	6		9			1		
2				8				7
3	1		7					
		2				5		
					4		9	3
5				2				8
		8			5		7	9
					8	4		

363

	9					6		
					2			
			4	1	5			
						9		7
		8		3		1		
5		2						
			6	9	8			
			7					
		4					2	

364

	6			9				8
			2			3		
5						1		4
	7			4			2	
			3		2			
	9			6			1	
1		4						9
		6			3			
8				5			6	

365

		3		9	5			
						7		
					4			
1	8						3	
	7			6			2	
	9						4	5
			1					
		5						
			7	2		8		

366

5								
			9					
			1	6				7
		8				3	5	
		1		4		6		
	9	7				2		
2				8	5			
					3			
								1

367

6					9			1
		3			2		4	6
		5	8				2	
2	9							
		8				3		
							7	4
	8				6	2		
1	5		3			6		
3			9					5

368

					4			
			1	3	9			
	8					2		
6	2							
	3			7			5	
							4	9
		4					1	
			8	2	5			
			6					

369

		6	8			2		
	3	2	9					4
	9				7			5
						9	8	
4								7
	1	3						
9			2				7	
2					4	6	5	
		5			8	4		

370

				5				4
							9	3
					8	5		2
	1	4	3				8	
		9	2		7	6		
	2				9	4	5	
1		2	7					
9	6							
3				1				

371

	8	5		6		4		
	3				5			
					4		1	3
5	4		6				3	
9								4
	2				1		7	5
6	9		2					
			7				5	
		2		1		8	6	

372

			5				2	
	8		7			6		5
		2		4		1		
			2			9		8
	3						1	
7		9			6			
		4		1		3		
2		7			3		4	
	6				4			

373

	8		7			9		
5		9			1			3
	7		3					
				3	2	4		7
7		8	9	5				
					9		2	
8			1			5		6
		2			3		8	

374

4		3						
1	2				6			
9				2				
	9	2			3	1		
	7		1		8		3	
		6	4			5	9	
				5				4
			8				1	5
						7		3

375

			3					6
	7					1		
	4	9		2			3	
1			6		4			
	2			9			4	
			2		5			8
	8			4		3	7	
		2					9	
5					8			

376

	7	4		8			5	
			5			9		6
		6	7					
		3	9			2		7
1								5
7		5			8	6		
					2	7		
8		1			3			
	3			9		8	4	

377

1					7			8
						3	5	
	4				6			2
	7	1	4					9
			2		1			
9					3	4	1	
4			5				3	
	5	7						
2			7					5

378

	6				8		3	
		2	5					1
	3	4			2			9
	4	7						
9								5
						8	2	
3			9			1	6	
2					3	5		
	1		8				9	

379

			6				2	5
						9	3	
				2			1	
4		7			3	5		
9			5		6			3
		8	1			2		4
	4			7				
	1	3						
7	5				8			

380

7		6				9		
			4		1			2
	3	4						
				1			3	
9			2		6			8
	1			3				
						6	2	
2			9		5			
		8				4		7

381

6		5		8		1		
		3						2
			1				9	
			8		7		4	
		8		3		2		
	1		9		2			
	7				6			
4						5		
		6		2		8		3

382

2			7		8			
	8		1	5				
5	7	3						
	9		3	8				
		7				4		
				9	5		6	
						1	8	3
				2	1		4	
			6		4			5

383

4					7			5
		8			5		4	3
		1	8				9	
6	2							
		5				9		
							7	1
	1				9	4		
8	6		1			5		
3			7					8

384

	4	5			8			
				4		6	5	
6		1			7			9
8		6					4	
	9					7		8
5			3			9		1
	7	9		6				
			2			3	7	

385

5				3		1		9
	7				2			
		3						6
	5		7		9			
9				6				3
			3		4		8	
8						2		
			5				4	
1		6		9				8

386

					8			1
4		1			3			
	3			5			8	2
7		8			4			6
		3				9		
1			5			8		3
5	2			4			6	
			6			5		9
8			7					

387

		4		7		8	9	
6					4			
	2					5		
3			1		7			
		8		9		7		
			8		6			2
		9					7	
			3					1
	4	5		8		3		

388

	3				4		5	
1			9			7		
5	2				3	9		
							8	6
		1				3		
4	7							
		3	7				9	8
		5			1			7
	9		4				2	

389

	1	3			8			
					9		2	
8				4			3	5
	6	2			3		7	
		1				6		
	8		4			2	9	
2	5			3				6
	7		2					
			6			7	4	

390

		7			4	3		
9		3			5		8	
5			6				2	
1		9						
	8						6	
						5		4
	5				3			6
	3		8			7		2
		2	4			8		

391

	6			5	9			
	5		1		2	4		8
		1				9		
			7				2	9
		7				6		
3	1				6			
		4				2		
9		6	3		8		7	
			9	2			8	

392

	9		5			3		2
		5		1		9		
			9				8	
7		6			2			
	1						5	
			8			6		3
	2				4			
		1		9		2		
4		8			3		7	

393

6				4		7		
	7		2					
8	5							1
		9		5		3		
			3		2			
		1		7		8		
4							8	5
					3		2	
		7		1				6

394

	7	5						8
	3		1	8				
					9			
		9		5			7	
		3	6		2	8		
	6			3		2		
			4					
				6	1		4	
6						7	5	

395

				4	1			8
			2				4	7
2								
	6			9		1		
	2		4		8		3	
		5		2			6	
								3
8	5				7			
7			9	3				

396

6								
					6	1		5
			7	1				8
		4		3			7	
		6	8		1	2		
	9			6		4		
5				2	3			
8		9	5					
								2

397

		6			9		8	
						5		3
	4				2		7	
	1				3	4		6
			8		4			
4		2	6				1	
	8		2				5	
2		5						
	6		5			3		

398

						5	2	
5			8		9			
	6						3	4
				1		7		
9			2		5			6
		1		7				
4	2						9	
			1		3			5
	3	7						

399

6				5			7	4
	9							1
		2			6			
		3	8		5			
9				1				5
			9		2	6		
			7			8		
4							3	
5	1			9				7

400

	6			9		8	4	
2		5			6			
					4	2		
		2	9			6		4
6								3
4		7			5	1		
		4	7					
			1			3		9
	8	9		5			1	

401

			5					
5				3	4			
7		2					3	
2				7		9		
		6	3		8	1		
		8		1				3
	6					7		2
			4	6				1
					9			

402

		9		5				
	8	6						
5		7			2			
	2		6				4	9
3			7		1			8
9	5				8		7	
			1			4		7
						8	3	
				4		6		

403

8			4			5		7
			3			6	2	
	6	7		2				
	2					7		3
3		4					8	
				7		8	4	
	4	9			1			
5		8			9			6

404

			3					
				7	9	6		
	7					4		5
		4		5				3
7			2		1			6
2				6		1		
4		5					1	
		8	9	1				
					8			

405

7	1		6				3	
				9		8		1
8		9	2					
1	2					9		
		3					2	6
					4	6		5
3		6		1				
	8				5		7	3

406

8	2			9				5
			5			7		
1							4	
			9		6	3		
9				2				8
		4	7		8			
	9							2
		6			3			
3				8			5	1

407

	7			2	4			
5	1					2		
			7					
	5			1				3
8			2		9			6
9				6			2	
					3			
		8					5	1
			4	8			6	

408

2	4				9			8
		7	1				4	
		1	8					
1	7		4	2				
				8	6		5	1
					4	6		
	6				8	7		
7			9				2	3

409

			3	6		5		
						2	6	7
			2		5		9	
			7	5		8		
4								2
		1		8	6			
	6		1		4			
3	7	5						
		4		9	3			

410

					9			6
	6				1		7	9
3				4		8		
9		2	6					
	7						5	
					8	7		4
		6		5				7
8	5		1				4	
2			3					

411

		7				9	1	
						6		5
	5		4		8			
				3				2
	4		5		6		7	
3				2				
			9		3		5	
2		9						
	1	6				4		

412

8			4					
				5		2	3	
							6	
			8		3			7
	3			2			5	
1			5		9			
	2							
	6	4		3				
					1			9

4								
	3	5		8		2	1	
					9	7		5
		9	1					3
			4		8			
7					5	6		
8		1	2					
	5	3		7		9	6	
								2

414

	3		4	5				
2	9	6						
		8	7					
		9			8		3	
4			6		2			9
	5		1			7		
					3	1		
						9	7	2
				1	7		6	

415

8				6	4	9		2
2							1	
	7							
	5	6		4		3		
				5				
		2		9		8	6	
							3	
	2							7
3		9	1	2				6

416

5				9		7		
7					4		2	
	4			7			9	
		4	5			1		
			4		8			
		3			2	6		
	3			5			1	
	5		9					2
		6		2				7

417

								6
				4		1		5
	7		8	9				
	9				7			
5	8			6			1	4
			2				3	
				3	9		2	
1		6		5				
3								

418

			3				9	
	4					8		
	6			5				
		7				4		
5				1				3
		9				2		
				7			6	
		3					1	
	2				4			

419

	8	7				9		
	2	6		4				
					7			5
			5					8
	4			6			3	
7					1			
1			9					
				3		2	4	
		3				7	6	

420

			4				2	
5								
6		1		3			4	5
					2		5	
3				1				9
	4		8					
4	5			9		6		3
								1
	8				7			

421

	6							9
	2	8			5			
				6		8		7
	9		2					
3		1		8		2		6
					1		5	
6		7		3				
			4			6	1	
8							7	

422

9			3		5			
	7	4				5		
							7	9
				1	8		4	
4		9				8		7
	1		7	6				
8	9							
		1				2	8	
			2		1			3

423

	2			7				
		6						7
					8			5
5								4
		3		9		6		
8								1
4			5					
1						7		
				3			9	

424

					6			1
5				7				
2						9		
		1				8		
	7			3			6	
		4				2		
		6						3
				4				5
8			2					

425

								7
5		4			8			
8				1			5	3
					4	8		
6				7				1
		2	9					
1	7			6				5
			5			9		8
3								

426

	3					2		
			7			8		
6				9				
		2				4		
	1			6			9	
		8				7		
				3				5
		7			4			
		3					1	

427

			8		5		1	6
	1			3				
		2						
6								
		9		2		1		
								7
						4		
				9			3	
8	5		6		7			

428

				9			2	5
							4	
		6			1			
			9		3	1		
	8			5			9	
		4	6		8			
			7			3		
	5							
2	9			8				

429

5		2			8			
9	4			1			7	6
						8		
6					5	9		
			2		3			
		1	4					7
		3						
4	9			2			5	8
			6			4		1

430

		9					7	
1				5	3	8		
					7		4	
					4			
		3				1		
			6					
	6		2					
		2	1	9				8
	7					5		

431

								6
	7		8	2				
				1		9		5
			7				8	
3	8			6			9	1
	2				4			
1		6		3				
				5	9		4	
5								

432

				6		4		5
	7		9	2			6	
								2
			7				8	
5				4				6
	3				1			
4								
	5			8	3		1	
2		9		5				

433

	1	7		5				
		4			6			2
		9						
			4					3
		5		9		8		
6					2			
						7		
4			1			2		
				8		5	9	

434

7				5		9		
							8	
		3	2		1			5
2		7		1	6		5	
	6		5	9		2		7
5			7		3	4		
	8							
		2		4				6

435

	4			8				7
	7				5	1		
		5		7		8		
5			4					3
			5		9			
2					1			6
		2		4		3		
		4	8				1	
6				1			7	

436

	8		1					
				9			5	
		2					4	
		9				1		
6				4				2
		3				8		
	1					7		
	5			6				
					2		3	

437

	8	1	3					
	5							4
				6		5		1
	7				8			
1		2		4		8		6
			2				9	
5		4		1				
9							1	
					7	4	2	

438

	7				8			
				1		9		4
1						2		5
	5		7					
		9		2		1		
					3		6	
5		6						8
2		4		9				
			5				3	

439

		3	8		4			
	1			9		7		
								6
7						5		8
				6				
4		9						2
2								
		6		3			9	
			5		1	4		

440

		2		1		6		9
						8		
	7	4	2					
			7				3	
		6		9		1		
	4				5			
					4	2	5	
		9						
2		8		6		4		

441

			9		7	4		
	2	3						6
				1				
								1
	5			3			8	
7								
				8				
9						7	2	
		1	6		5			

442

	1		3					
								2
2	3			5		4		9
			6				3	
8				4				5
	2				1			
5		9		8			2	3
4								
					7		6	

	1				3			
				6		9		2
		5				3		7
	4		8					
5				7				6
					1		3	
2		3				4		
6		7		5				
			9				8	

444

9	4	6						
		1		3	2			
7					8			
6			7			1		
	2		4		9		6	
		3			5			8
			1					5
			8	5		9		
						8	4	6

445

		8						
	7	5		6		9		
			9			7		4
9			4					
		6		8		1		
					3			2
3		9			7			
		7		1		6	8	
						5		

446

				1		3		5
								9
	6				7			
	8		4		1			
5				3				1
			5		6		2	
			8				4	
3								
9		7		5				

447

7					2		1	
		1		5			6	
5				1				2
		4	6			2		
			2		8			
		3			7	9		
4				6				9
	1			7		3		
	7		5					6

448

			6					
8	5					9		
1				9	7			
	6			5				8
	1		2		3		9	
3				1			2	
			7	3				4
		3					8	5
					4			

449

		2	1					
		9						5
1			4	7			8	
			2					
6								4
					3			
	4			5	6			8
7						9		
					9	3		

450

6								
4		1		2				
3					9		5	
	8				5			
2				1				4
			3				7	
	3		7					5
				4		9		6
								1

451

				8		4	2	
3			9					
						1		
			3		4			7
		4		2		8		
5			8		6			
		2						
					5			6
	9	1		4				

1

2	8	3	1	5	6	4	9	7
7	9	1	3	4	2	6	5	8
5	6	4	7	9	8	2	3	1
1	4	7	8	6	9	5	2	3
9	2	8	4	3	5	7	1	6
6	3	5	2	7	1	9	8	4
8	1	6	9	2	7	3	4	5
4	5	2	6	1	3	8	7	9
3	7	9	5	8	4	1	6	2

2

1	6	9	3	5	2	8	7	4
2	8	4	9	6	7	1	3	5
5	7	3	1	4	8	2	6	9
3	9	5	7	1	6	4	2	8
8	4	1	5	2	3	6	9	7
6	2	7	8	9	4	5	1	3
4	1	8	6	3	9	7	5	2
7	3	6	2	8	5	9	4	1
9	5	2	4	7	1	3	8	6

3

2	3	9	7	4	1	6	5	8
6	1	5	9	8	2	4	3	7
7	4	8	5	6	3	1	2	9
1	7	6	4	2	9	5	8	3
5	9	2	8	3	6	7	1	4
3	8	4	1	5	7	2	9	6
8	2	1	6	9	4	3	7	5
4	5	3	2	7	8	9	6	1
9	6	7	3	1	5	8	4	2

4

1	9	7	8	4	2	5	3	6
5	4	8	9	3	6	2	7	1
6	3	2	1	5	7	9	8	4
4	6	9	3	8	1	7	5	2
7	5	3	2	6	9	1	4	8
8	2	1	5	7	4	6	9	3
9	7	4	6	2	8	3	1	5
2	8	5	7	1	3	4	6	9
3	1	6	4	9	5	8	2	7

5

6	1	7	8	3	5	9	2	4
3	2	8	9	7	4	5	1	6
5	9	4	1	6	2	3	7	8
1	7	2	5	8	3	6	4	9
9	4	5	6	2	7	8	3	1
8	3	6	4	9	1	2	5	7
4	5	9	2	1	8	7	6	3
7	8	1	3	5	6	4	9	2
2	6	3	7	4	9	1	8	5

6

3	7	4	1	6	5	2	8	9
9	2	5	3	8	4	6	1	7
1	8	6	7	2	9	4	3	5
6	5	7	4	3	8	1	9	2
2	9	1	5	7	6	3	4	8
8	4	3	2	9	1	7	5	6
4	1	8	6	5	7	9	2	3
7	3	9	8	4	2	5	6	1
5	6	2	9	1	3	8	7	4

7

3	9	4	6	2	1	8	5	7
1	5	7	8	9	3	4	2	6
8	2	6	7	4	5	9	1	3
2	8	1	9	3	6	5	7	4
4	7	5	1	8	2	3	6	9
9	6	3	5	7	4	1	8	2
6	1	2	4	5	9	7	3	8
7	3	9	2	1	8	6	4	5
5	4	8	3	6	7	2	9	1

8

6	3	8	7	4	9	5	2	1
5	2	7	1	8	3	6	4	9
9	1	4	5	6	2	8	3	7
4	7	9	3	5	8	1	6	2
2	6	1	9	7	4	3	5	8
8	5	3	6	2	1	9	7	4
7	8	5	4	9	6	2	1	3
1	4	2	8	3	5	7	9	6
3	9	6	2	1	7	4	8	5

9

9	1	7	8	6	5	3	4	2
6	3	4	9	1	2	8	5	7
8	5	2	4	7	3	9	6	1
5	2	1	7	3	9	6	8	4
3	4	6	5	8	1	7	2	9
7	8	9	6	2	4	1	3	5
2	9	3	1	5	8	4	7	6
1	7	5	3	4	6	2	9	8
4	6	8	2	9	7	5	1	3

10

1	4	3	8	9	6	5	2	7
2	7	9	5	4	3	6	1	8
6	5	8	1	2	7	9	3	4
4	9	1	6	7	2	3	8	5
7	2	5	3	1	8	4	6	9
3	8	6	9	5	4	1	7	2
5	1	2	7	6	9	8	4	3
8	6	7	4	3	5	2	9	1
9	3	4	2	8	1	7	5	6

11

8	7	9	5	2	6	4	3	1
5	3	1	8	7	4	9	2	6
6	2	4	3	9	1	7	8	5
4	5	7	2	8	9	1	6	3
9	6	3	1	5	7	2	4	8
1	8	2	6	4	3	5	7	9
3	9	5	4	6	2	8	1	7
7	4	6	9	1	8	3	5	2
2	1	8	7	3	5	6	9	4

12

9	8	7	6	1	5	4	2	3
6	5	2	3	4	7	8	1	9
3	4	1	2	8	9	7	6	5
4	1	6	5	9	3	2	7	8
2	3	5	7	6	8	1	9	4
8	7	9	4	2	1	3	5	6
7	2	8	9	3	6	5	4	1
1	9	4	8	5	2	6	3	7
5	6	3	1	7	4	9	8	2

13

9	1	7	4	8	3	5	6	2
4	8	6	9	2	5	7	3	1
3	5	2	6	1	7	8	9	4
7	6	9	2	3	4	1	5	8
5	2	1	7	9	8	3	4	6
8	3	4	1	5	6	2	7	9
1	7	3	8	4	9	6	2	5
6	9	8	5	7	2	4	1	3
2	4	5	3	6	1	9	8	7

14

3	2	5	9	7	4	8	6	1
6	9	8	5	3	1	7	4	2
4	1	7	2	6	8	3	5	9
2	5	3	7	8	6	1	9	4
9	4	6	3	1	2	5	8	7
8	7	1	4	5	9	6	2	3
1	8	9	6	2	3	4	7	5
7	6	2	1	4	5	9	3	8
5	3	4	8	9	7	2	1	6

15

8	1	2	5	3	6	9	4	7
3	9	7	1	4	2	8	5	6
5	6	4	9	8	7	1	3	2
1	4	5	8	2	9	6	7	3
7	3	8	6	5	4	2	1	9
9	2	6	3	7	1	4	8	5
2	8	1	7	6	3	5	9	4
4	7	9	2	1	5	3	6	8
6	5	3	4	9	8	7	2	1

16

1	7	3	4	5	6	2	8	9
2	6	4	8	3	9	7	5	1
5	8	9	1	7	2	6	3	4
7	4	1	3	9	5	8	2	6
3	5	2	6	8	1	9	4	7
6	9	8	2	4	7	3	1	5
4	3	7	9	1	8	5	6	2
9	1	6	5	2	3	4	7	8
8	2	5	7	6	4	1	9	3

17

2	6	9	8	1	4	5	3	7
7	1	8	5	6	3	9	4	2
3	4	5	7	9	2	1	6	8
6	7	1	2	4	5	8	9	3
8	9	4	3	7	1	2	5	6
5	3	2	9	8	6	7	1	4
4	2	6	1	5	7	3	8	9
1	8	3	4	2	9	6	7	5
9	5	7	6	3	8	4	2	1

18

5	4	7	9	3	8	2	6	1
2	9	3	6	5	1	4	8	7
6	8	1	4	2	7	9	5	3
7	1	8	5	4	9	3	2	6
3	5	9	2	1	6	8	7	4
4	2	6	7	8	3	5	1	9
1	7	2	3	9	5	6	4	8
9	6	4	8	7	2	1	3	5
8	3	5	1	6	4	7	9	2

19

7	5	8	2	6	9	3	1	4
3	4	2	5	1	8	9	6	7
1	6	9	4	7	3	2	8	5
6	9	1	8	2	4	5	7	3
4	2	5	7	3	6	8	9	1
8	7	3	9	5	1	4	2	6
5	1	6	3	9	2	7	4	8
9	8	7	6	4	5	1	3	2
2	3	4	1	8	7	6	5	9

20

4	8	6	2	5	1	3	7	9
3	1	7	4	6	9	8	5	2
5	2	9	8	7	3	1	6	4
8	5	4	1	2	7	9	3	6
2	6	3	5	9	4	7	8	1
9	7	1	3	8	6	2	4	5
6	4	2	7	1	8	5	9	3
1	3	8	9	4	5	6	2	7
7	9	5	6	3	2	4	1	8

21

7	9	6	1	2	4	8	5	3
3	8	2	6	5	9	7	4	1
1	5	4	7	8	3	6	9	2
2	1	9	5	4	7	3	8	6
8	7	5	3	6	1	9	2	4
4	6	3	8	9	2	5	1	7
6	2	7	9	1	5	4	3	8
9	4	8	2	3	6	1	7	5
5	3	1	4	7	8	2	6	9

22

3	7	9	4	2	6	8	5	1
5	6	8	7	9	1	2	3	4
2	4	1	5	8	3	6	9	7
6	9	7	1	5	2	4	8	3
8	1	3	6	4	9	5	7	2
4	2	5	8	3	7	1	6	9
9	3	6	2	1	8	7	4	5
7	5	2	9	6	4	3	1	8
1	8	4	3	7	5	9	2	6

23

3	4	6	9	7	5	1	8	2
1	2	9	3	8	4	7	5	6
7	5	8	6	1	2	3	4	9
8	7	1	2	6	9	4	3	5
4	6	5	8	3	1	9	2	7
9	3	2	4	5	7	6	1	8
5	9	4	1	2	6	8	7	3
2	1	3	7	9	8	5	6	4
6	8	7	5	4	3	2	9	1

24

9	8	5	1	7	2	3	4	6
6	4	1	5	3	8	2	9	7
2	7	3	4	6	9	8	1	5
3	1	4	9	2	6	7	5	8
8	6	9	3	5	7	4	2	1
5	2	7	8	4	1	6	3	9
1	9	2	6	8	4	5	7	3
7	3	8	2	1	5	9	6	4
4	5	6	7	9	3	1	8	2

25

2	7	6	3	8	1	9	5	4
9	1	8	7	5	4	6	3	2
3	5	4	2	6	9	7	8	1
5	8	1	9	7	2	4	6	3
4	9	7	8	3	6	1	2	5
6	3	2	4	1	5	8	9	7
7	6	5	1	2	8	3	4	9
1	2	9	6	4	3	5	7	8
8	4	3	5	9	7	2	1	6

26

1	9	8	7	2	3	4	6	5
4	2	6	9	5	1	8	3	7
3	5	7	8	6	4	2	9	1
6	8	9	2	4	7	1	5	3
2	7	3	1	9	5	6	4	8
5	1	4	6	3	8	7	2	9
9	3	1	4	8	2	5	7	6
8	6	2	5	7	9	3	1	4
7	4	5	3	1	6	9	8	2

27

8	4	2	5	6	7	9	1	3
7	9	1	8	2	3	5	4	6
5	3	6	9	1	4	7	8	2
1	6	9	7	3	8	4	2	5
4	7	5	6	9	2	1	3	8
2	8	3	1	4	5	6	9	7
6	2	8	4	5	9	3	7	1
3	5	4	2	7	1	8	6	9
9	1	7	3	8	6	2	5	4

28

7	1	9	8	6	4	2	3	5
3	6	8	9	5	2	7	4	1
5	2	4	7	1	3	9	6	8
6	4	3	5	2	7	1	8	9
1	5	2	3	9	8	6	7	4
8	9	7	6	4	1	5	2	3
9	7	1	4	3	6	8	5	2
4	8	5	2	7	9	3	1	6
2	3	6	1	8	5	4	9	7

29

8	6	4	2	3	5	9	1	7
5	1	2	4	7	9	3	6	8
3	7	9	8	1	6	2	5	4
6	2	3	1	5	4	8	7	9
1	4	7	9	8	2	5	3	6
9	8	5	7	6	3	4	2	1
7	5	6	3	9	8	1	4	2
4	3	8	6	2	1	7	9	5
2	9	1	5	4	7	6	8	3

30

3	5	9	4	2	1	7	8	6
1	8	6	3	7	9	4	5	2
4	7	2	6	5	8	1	3	9
8	6	4	2	1	7	3	9	5
2	3	7	9	4	5	8	6	1
5	9	1	8	3	6	2	4	7
9	1	5	7	8	4	6	2	3
7	4	3	5	6	2	9	1	8
6	2	8	1	9	3	5	7	4

31

3	6	2	7	8	9	5	4	1
4	7	5	6	3	1	9	8	2
9	8	1	2	5	4	3	7	6
5	9	4	8	1	7	6	2	3
1	3	6	4	2	5	7	9	8
7	2	8	3	9	6	4	1	5
2	5	9	1	7	3	8	6	4
6	1	3	9	4	8	2	5	7
8	4	7	5	6	2	1	3	9

32

9	7	6	2	3	5	8	1	4
2	8	1	6	4	7	3	9	5
3	5	4	8	9	1	6	2	7
6	3	8	1	2	4	7	5	9
5	9	2	3	7	6	1	4	8
1	4	7	5	8	9	2	3	6
4	1	9	7	6	3	5	8	2
8	6	3	9	5	2	4	7	1
7	2	5	4	1	8	9	6	3

33

1	4	9	3	7	8	5	6	2
3	5	2	4	6	1	9	7	8
8	7	6	5	9	2	4	1	3
2	9	1	8	4	6	7	3	5
4	3	5	9	2	7	6	8	1
6	8	7	1	3	5	2	9	4
7	6	4	2	8	3	1	5	9
9	1	8	7	5	4	3	2	6
5	2	3	6	1	9	8	4	7

34

1	7	3	8	9	6	2	4	5
8	9	5	1	2	4	3	6	7
6	2	4	5	7	3	8	1	9
5	8	7	9	4	1	6	2	3
9	6	1	3	5	2	4	7	8
4	3	2	7	6	8	5	9	1
7	4	9	2	3	5	1	8	6
3	1	6	4	8	7	9	5	2
2	5	8	6	1	9	7	3	4

35

2	3	1	9	8	7	6	4	5
8	7	5	6	4	3	1	2	9
6	9	4	1	2	5	8	7	3
9	8	7	5	6	2	4	3	1
4	6	2	8	3	1	9	5	7
5	1	3	7	9	4	2	8	6
1	2	9	3	7	8	5	6	4
3	5	8	4	1	6	7	9	2
7	4	6	2	5	9	3	1	8

36

2	8	6	9	3	1	7	4	5
1	9	4	5	2	7	8	6	3
7	5	3	8	4	6	1	2	9
8	4	5	7	9	2	3	1	6
9	7	1	3	6	8	4	5	2
3	6	2	1	5	4	9	7	8
5	1	9	2	7	3	6	8	4
6	3	7	4	8	5	2	9	1
4	2	8	6	1	9	5	3	7

37

2	4	6	3	5	7	1	9	8
1	5	3	6	8	9	7	4	2
7	8	9	4	2	1	5	3	6
3	7	2	5	9	6	8	1	4
9	1	5	8	7	4	2	6	3
4	6	8	2	1	3	9	7	5
8	9	4	7	6	5	3	2	1
6	2	1	9	3	8	4	5	7
5	3	7	1	4	2	6	8	9

38

4	7	5	1	6	3	8	2	9
2	1	9	8	4	5	3	6	7
8	3	6	9	2	7	5	4	1
1	2	8	4	7	9	6	5	3
9	4	3	5	8	6	1	7	2
5	6	7	2	3	1	4	9	8
3	5	4	7	1	2	9	8	6
7	9	1	6	5	8	2	3	4
6	8	2	3	9	4	7	1	5

39

5	7	1	6	4	3	2	8	9
6	9	8	2	5	7	4	3	1
4	2	3	1	9	8	7	6	5
3	5	2	4	7	1	6	9	8
7	8	4	9	3	6	5	1	2
1	6	9	8	2	5	3	4	7
2	1	5	3	6	9	8	7	4
8	3	7	5	1	4	9	2	6
9	4	6	7	8	2	1	5	3

40

7	6	1	9	8	5	2	3	4
3	9	2	4	1	6	5	8	7
4	8	5	3	2	7	6	9	1
9	4	6	2	3	1	7	5	8
5	3	7	8	6	4	1	2	9
1	2	8	7	5	9	4	6	3
6	5	4	1	9	8	3	7	2
8	1	3	6	7	2	9	4	5
2	7	9	5	4	3	8	1	6

41

8	6	4	1	2	7	3	5	9
2	3	1	5	9	6	4	7	8
9	7	5	3	8	4	6	1	2
3	9	8	6	5	1	2	4	7
4	5	6	7	3	2	9	8	1
1	2	7	8	4	9	5	6	3
6	8	2	4	7	3	1	9	5
5	1	3	9	6	8	7	2	4
7	4	9	2	1	5	8	3	6

42

3	5	6	9	1	8	2	4	7
4	9	8	6	7	2	1	3	5
2	7	1	4	3	5	9	8	6
5	3	4	1	6	7	8	2	9
8	1	7	2	4	9	6	5	3
9	6	2	8	5	3	4	7	1
7	2	9	5	8	1	3	6	4
1	4	3	7	2	6	5	9	8
6	8	5	3	9	4	7	1	2

43

4	7	3	5	8	1	9	6	2
5	8	6	9	2	3	4	7	1
9	2	1	6	4	7	8	3	5
2	3	5	1	9	8	6	4	7
6	1	7	4	3	5	2	9	8
8	4	9	7	6	2	1	5	3
3	5	4	8	1	6	7	2	9
7	6	8	2	5	9	3	1	4
1	9	2	3	7	4	5	8	6

44

9	6	5	4	1	8	2	7	3
1	3	8	5	7	2	4	9	6
4	2	7	3	9	6	5	1	8
3	9	2	6	5	7	8	4	1
8	7	4	1	2	9	3	6	5
6	5	1	8	4	3	9	2	7
5	1	6	9	8	4	7	3	2
7	4	3	2	6	5	1	8	9
2	8	9	7	3	1	6	5	4

45

2	1	6	3	4	7	8	9	5
4	5	8	9	2	6	3	1	7
3	7	9	8	1	5	6	4	2
7	3	4	6	8	1	5	2	9
5	8	1	7	9	2	4	6	3
9	6	2	5	3	4	1	7	8
6	2	7	1	5	8	9	3	4
8	4	3	2	6	9	7	5	1
1	9	5	4	7	3	2	8	6

46

1	8	5	7	4	6	2	3	9
2	9	7	3	1	8	5	4	6
3	4	6	2	5	9	1	8	7
5	3	8	9	2	1	6	7	4
4	2	9	6	7	5	8	1	3
6	7	1	8	3	4	9	5	2
7	1	3	5	9	2	4	6	8
9	6	4	1	8	3	7	2	5
8	5	2	4	6	7	3	9	1

47

8	3	6	4	9	5	2	1	7
7	2	5	1	3	8	9	4	6
9	4	1	6	2	7	8	5	3
3	1	7	2	8	6	5	9	4
5	6	4	7	1	9	3	8	2
2	9	8	3	5	4	6	7	1
6	8	3	9	4	1	7	2	5
4	5	2	8	7	3	1	6	9
1	7	9	5	6	2	4	3	8

48

6	2	4	1	3	9	8	5	7
8	9	7	6	5	4	2	1	3
5	1	3	2	8	7	6	4	9
1	6	5	9	7	2	3	8	4
9	4	8	3	6	1	5	7	2
3	7	2	5	4	8	1	9	6
2	8	6	4	9	5	7	3	1
4	5	1	7	2	3	9	6	8
7	3	9	8	1	6	4	2	5

49

1	6	8	2	7	9	5	4	3
7	4	3	5	6	1	9	8	2
5	9	2	8	3	4	1	6	7
3	5	1	4	8	6	2	7	9
9	2	6	1	5	7	8	3	4
4	8	7	9	2	3	6	5	1
6	1	9	3	4	8	7	2	5
2	7	4	6	1	5	3	9	8
8	3	5	7	9	2	4	1	6

50

7	3	8	2	9	1	4	6	5
9	1	5	4	3	6	7	8	2
4	6	2	5	7	8	9	1	3
5	7	3	6	1	9	2	4	8
2	8	9	3	4	7	6	5	1
6	4	1	8	5	2	3	9	7
3	9	4	7	8	5	1	2	6
1	5	6	9	2	3	8	7	4
8	2	7	1	6	4	5	3	9

51

2	1	6	4	3	5	9	7	8
9	4	8	2	7	6	3	5	1
5	3	7	1	8	9	2	6	4
8	6	3	9	1	2	5	4	7
7	9	2	8	5	4	1	3	6
1	5	4	3	6	7	8	9	2
3	2	5	7	4	8	6	1	9
6	7	9	5	2	1	4	8	3
4	8	1	6	9	3	7	2	5

52

3	5	1	8	7	6	2	4	9
6	8	9	4	2	5	3	1	7
7	4	2	1	9	3	6	5	8
2	6	5	9	3	4	7	8	1
9	1	4	2	8	7	5	3	6
8	3	7	6	5	1	4	9	2
5	9	8	3	6	2	1	7	4
4	2	3	7	1	9	8	6	5
1	7	6	5	4	8	9	2	3

53

4	7	5	8	3	9	1	6	2
1	2	9	6	4	5	3	7	8
8	6	3	1	2	7	9	5	4
6	3	8	2	5	4	7	9	1
2	9	4	7	1	3	5	8	6
7	5	1	9	8	6	4	2	3
9	8	7	4	6	1	2	3	5
5	4	6	3	9	2	8	1	7
3	1	2	5	7	8	6	4	9

54

2	4	8	6	3	9	7	1	5
1	3	7	5	8	4	2	9	6
9	5	6	1	2	7	3	4	8
4	8	9	3	1	2	5	6	7
5	2	3	4	7	6	9	8	1
7	6	1	8	9	5	4	3	2
6	1	4	2	5	3	8	7	9
8	9	2	7	4	1	6	5	3
3	7	5	9	6	8	1	2	4

55

2	5	6	7	9	4	8	3	1
1	9	3	2	6	8	5	4	7
4	7	8	5	3	1	9	6	2
3	8	5	4	1	2	7	9	6
6	1	9	8	7	3	4	2	5
7	4	2	6	5	9	1	8	3
9	6	4	1	2	7	3	5	8
8	2	7	3	4	5	6	1	9
5	3	1	9	8	6	2	7	4

56

6	2	1	7	9	4	3	8	5
3	7	5	1	8	6	9	4	2
4	9	8	3	2	5	1	6	7
8	5	6	4	3	2	7	1	9
2	4	7	9	6	1	5	3	8
9	1	3	5	7	8	6	2	4
5	8	2	6	1	9	4	7	3
1	3	9	2	4	7	8	5	6
7	6	4	8	5	3	2	9	1

57

1	8	3	9	7	2	4	5	6
4	5	2	1	3	6	8	9	7
7	9	6	5	8	4	2	1	3
5	4	9	7	1	3	6	8	2
8	3	1	6	2	5	7	4	9
2	6	7	4	9	8	1	3	5
9	2	4	3	6	1	5	7	8
6	7	5	8	4	9	3	2	1
3	1	8	2	5	7	9	6	4

58

4	5	7	3	9	2	6	8	1
9	1	6	7	5	8	2	4	3
8	2	3	4	6	1	7	5	9
6	3	1	8	2	9	5	7	4
7	9	4	5	3	6	8	1	2
5	8	2	1	7	4	9	3	6
3	6	8	2	4	5	1	9	7
1	7	9	6	8	3	4	2	5
2	4	5	9	1	7	3	6	8

59

5	1	9	6	2	8	4	7	3
4	3	6	9	1	7	2	8	5
8	2	7	3	5	4	9	1	6
1	7	5	4	9	6	8	3	2
9	6	8	5	3	2	1	4	7
2	4	3	7	8	1	6	5	9
7	9	1	8	6	3	5	2	4
3	5	2	1	4	9	7	6	8
6	8	4	2	7	5	3	9	1

60

7	6	3	5	4	2	8	9	1
5	9	1	7	8	3	2	4	6
4	8	2	1	6	9	5	7	3
9	5	7	8	1	6	4	3	2
1	3	4	2	9	7	6	8	5
6	2	8	4	3	5	7	1	9
3	4	9	6	5	8	1	2	7
2	1	6	3	7	4	9	5	8
8	7	5	9	2	1	3	6	4

61

7	3	2	5	4	1	6	9	8
6	5	9	3	7	8	2	4	1
4	8	1	6	2	9	5	3	7
8	2	7	9	3	5	4	1	6
5	1	3	2	6	4	8	7	9
9	6	4	8	1	7	3	5	2
3	7	8	1	5	6	9	2	4
2	4	6	7	9	3	1	8	5
1	9	5	4	8	2	7	6	3

62

2	3	1	9	6	7	4	8	5
6	7	8	5	4	1	2	3	9
9	4	5	8	3	2	7	1	6
1	2	3	4	7	5	9	6	8
7	9	6	2	8	3	1	5	4
8	5	4	6	1	9	3	2	7
5	6	2	1	9	4	8	7	3
3	8	9	7	2	6	5	4	1
4	1	7	3	5	8	6	9	2

63

5	7	6	4	1	2	9	3	8
8	3	1	5	9	6	4	7	2
4	2	9	7	8	3	5	6	1
9	6	2	3	4	1	8	5	7
7	4	5	9	6	8	1	2	3
3	1	8	2	7	5	6	4	9
6	5	7	1	2	9	3	8	4
1	8	4	6	3	7	2	9	5
2	9	3	8	5	4	7	1	6

64

8	4	9	6	5	1	2	7	3
6	7	3	9	4	2	1	5	8
5	1	2	3	8	7	9	4	6
3	9	7	8	1	4	6	2	5
4	6	1	5	2	3	8	9	7
2	5	8	7	6	9	3	1	4
1	3	5	4	9	6	7	8	2
9	8	6	2	7	5	4	3	1
7	2	4	1	3	8	5	6	9

65

4	9	2	3	6	8	5	1	7
5	6	8	7	1	2	9	3	4
3	1	7	5	4	9	2	8	6
9	2	6	8	7	1	3	4	5
8	5	4	9	2	3	7	6	1
7	3	1	6	5	4	8	9	2
2	8	5	1	9	6	4	7	3
6	4	3	2	8	7	1	5	9
1	7	9	4	3	5	6	2	8

66

8	9	7	6	2	5	1	4	3
3	1	2	9	7	4	5	8	6
6	5	4	8	3	1	2	9	7
5	2	6	1	9	7	8	3	4
1	7	9	3	4	8	6	2	5
4	3	8	2	5	6	9	7	1
7	8	3	5	1	9	4	6	2
2	6	1	4	8	3	7	5	9
9	4	5	7	6	2	3	1	8

67

4	7	6	8	1	5	2	9	3
2	3	5	7	6	9	8	4	1
8	9	1	3	4	2	6	7	5
9	4	7	5	8	1	3	2	6
5	2	3	6	9	4	7	1	8
6	1	8	2	3	7	4	5	9
7	8	4	1	5	6	9	3	2
3	5	2	9	7	8	1	6	4
1	6	9	4	2	3	5	8	7

68

3	5	7	4	9	1	6	8	2
1	6	4	2	8	7	3	5	9
9	8	2	5	3	6	1	4	7
2	7	8	3	1	4	9	6	5
5	3	6	9	7	2	8	1	4
4	9	1	8	6	5	2	7	3
7	1	9	6	5	3	4	2	8
6	4	3	7	2	8	5	9	1
8	2	5	1	4	9	7	3	6

69

2	5	8	9	1	7	3	6	4
3	4	7	5	2	6	8	1	9
6	1	9	4	8	3	2	5	7
9	7	2	1	6	5	4	8	3
1	3	4	8	7	9	5	2	6
8	6	5	2	3	4	9	7	1
7	2	6	3	4	8	1	9	5
4	9	1	6	5	2	7	3	8
5	8	3	7	9	1	6	4	2

70

2	5	8	7	9	3	6	4	1
4	1	7	5	6	2	3	8	9
6	9	3	1	4	8	5	2	7
9	8	1	4	5	6	7	3	2
7	4	5	3	2	9	1	6	8
3	6	2	8	1	7	4	9	5
8	2	4	6	7	5	9	1	3
5	3	6	9	8	1	2	7	4
1	7	9	2	3	4	8	5	6

71

7	3	9	5	4	8	2	6	1
2	5	4	7	6	1	8	3	9
8	1	6	9	3	2	7	5	4
3	7	5	2	1	9	6	4	8
9	4	2	8	7	6	3	1	5
1	6	8	4	5	3	9	7	2
6	9	1	3	2	5	4	8	7
4	8	3	1	9	7	5	2	6
5	2	7	6	8	4	1	9	3

72

2	6	9	7	3	1	5	8	4
8	7	5	6	4	9	1	3	2
3	4	1	5	8	2	6	9	7
7	2	3	9	1	5	8	4	6
4	1	8	2	6	3	7	5	9
5	9	6	8	7	4	3	2	1
6	5	2	3	9	7	4	1	8
1	3	7	4	2	8	9	6	5
9	8	4	1	5	6	2	7	3

73

7	3	6	1	2	4	5	9	8
5	1	9	8	3	7	4	6	2
4	8	2	5	6	9	3	7	1
2	9	3	4	1	5	7	8	6
6	4	5	2	7	8	1	3	9
1	7	8	3	9	6	2	4	5
9	6	4	7	5	1	8	2	3
8	2	1	9	4	3	6	5	7
3	5	7	6	8	2	9	1	4

74

8	9	4	6	2	7	3	1	5
1	7	6	5	9	3	4	2	8
5	3	2	1	4	8	7	9	6
4	8	1	3	6	2	5	7	9
9	5	3	7	1	4	6	8	2
2	6	7	8	5	9	1	4	3
6	2	5	4	8	1	9	3	7
7	4	8	9	3	5	2	6	1
3	1	9	2	7	6	8	5	4

75

5	2	4	6	3	8	7	9	1
3	8	1	7	2	9	6	4	5
7	6	9	4	1	5	3	8	2
4	7	5	3	9	6	1	2	8
2	1	6	8	5	7	4	3	9
9	3	8	2	4	1	5	7	6
8	4	7	1	6	2	9	5	3
6	5	2	9	7	3	8	1	4
1	9	3	5	8	4	2	6	7

76

3	6	4	2	9	5	7	1	8
5	7	1	3	4	8	6	9	2
9	2	8	7	1	6	3	4	5
4	5	7	6	8	3	9	2	1
8	9	3	1	2	4	5	7	6
2	1	6	9	5	7	4	8	3
7	4	5	8	3	1	2	6	9
1	3	2	4	6	9	8	5	7
6	8	9	5	7	2	1	3	4

77

8	5	7	4	6	2	9	3	1
2	6	3	1	5	9	7	8	4
9	1	4	7	8	3	5	2	6
5	7	1	3	2	4	6	9	8
6	3	9	8	1	7	2	4	5
4	8	2	5	9	6	3	1	7
3	2	8	6	7	1	4	5	9
7	9	5	2	4	8	1	6	3
1	4	6	9	3	5	8	7	2

78

3	7	4	8	9	5	2	1	6
8	6	9	7	1	2	4	3	5
1	5	2	6	4	3	8	9	7
6	3	5	4	2	1	9	7	8
2	4	8	9	5	7	1	6	3
7	9	1	3	8	6	5	2	4
5	1	7	2	6	4	3	8	9
4	8	3	1	7	9	6	5	2
9	2	6	5	3	8	7	4	1

79

1	3	8	2	6	7	9	4	5
5	7	4	9	3	8	2	6	1
2	9	6	1	5	4	7	3	8
9	5	1	6	4	2	3	8	7
6	2	7	8	9	3	5	1	4
4	8	3	5	7	1	6	2	9
8	1	5	3	2	9	4	7	6
3	4	9	7	1	6	8	5	2
7	6	2	4	8	5	1	9	3

80

8	2	4	7	6	3	9	1	5
5	7	1	2	4	9	6	3	8
3	9	6	8	5	1	7	4	2
7	4	2	5	9	8	3	6	1
1	5	8	3	7	6	2	9	4
9	6	3	4	1	2	5	8	7
4	1	9	6	2	7	8	5	3
6	8	7	1	3	5	4	2	9
2	3	5	9	8	4	1	7	6

81

9	7	5	2	3	4	1	8	6
3	6	2	1	7	8	4	9	5
8	1	4	5	6	9	2	7	3
7	5	1	6	9	2	8	3	4
4	8	9	3	1	7	5	6	2
2	3	6	8	4	5	9	1	7
5	2	7	9	8	3	6	4	1
6	9	3	4	2	1	7	5	8
1	4	8	7	5	6	3	2	9

82

3	9	7	8	1	6	4	2	5
6	8	5	2	4	7	9	3	1
1	4	2	3	5	9	8	7	6
9	1	3	4	7	5	2	6	8
8	7	6	9	2	1	5	4	3
2	5	4	6	3	8	7	1	9
7	6	9	1	8	4	3	5	2
5	2	1	7	9	3	6	8	4
4	3	8	5	6	2	1	9	7

83

7	4	8	1	5	6	3	9	2
6	3	1	7	9	2	8	5	4
2	9	5	3	4	8	7	1	6
1	2	9	5	6	7	4	8	3
5	7	6	8	3	4	9	2	1
3	8	4	2	1	9	6	7	5
8	5	2	6	7	3	1	4	9
4	6	7	9	2	1	5	3	8
9	1	3	4	8	5	2	6	7

84

8	7	1	3	9	5	2	6	4
6	2	3	8	7	4	1	5	9
9	5	4	6	1	2	8	7	3
2	8	7	1	6	3	4	9	5
1	4	5	7	2	9	6	3	8
3	6	9	4	5	8	7	1	2
4	9	6	5	8	1	3	2	7
7	3	2	9	4	6	5	8	1
5	1	8	2	3	7	9	4	6

85

8	3	2	1	6	5	7	4	9
1	7	4	8	2	9	5	3	6
6	5	9	3	7	4	1	2	8
2	9	5	6	1	7	3	8	4
3	4	1	2	5	8	6	9	7
7	6	8	9	4	3	2	1	5
9	8	7	5	3	2	4	6	1
4	2	6	7	8	1	9	5	3
5	1	3	4	9	6	8	7	2

86

4	2	5	1	9	7	8	3	6
1	6	9	8	4	3	5	7	2
8	7	3	5	2	6	4	1	9
9	5	6	2	3	8	7	4	1
3	8	1	4	7	9	2	6	5
2	4	7	6	1	5	9	8	3
5	9	8	7	6	1	3	2	4
7	1	2	3	5	4	6	9	8
6	3	4	9	8	2	1	5	7

87

8	7	9	3	5	4	1	2	6
1	3	5	6	8	2	4	7	9
4	6	2	1	7	9	5	3	8
7	9	6	4	2	8	3	5	1
3	1	8	5	6	7	9	4	2
5	2	4	9	3	1	6	8	7
6	4	7	2	1	5	8	9	3
2	5	1	8	9	3	7	6	4
9	8	3	7	4	6	2	1	5

88

7	2	6	9	8	4	1	5	3
1	5	9	3	2	7	4	6	8
4	8	3	5	6	1	9	7	2
9	3	8	1	7	6	2	4	5
6	1	5	4	3	2	7	8	9
2	4	7	8	9	5	6	3	1
3	9	2	7	4	8	5	1	6
8	7	1	6	5	9	3	2	4
5	6	4	2	1	3	8	9	7

89

9	2	8	7	1	5	6	4	3
4	3	1	8	6	2	5	9	7
5	7	6	9	3	4	8	1	2
8	4	2	1	9	3	7	5	6
3	1	5	6	4	7	2	8	9
6	9	7	2	5	8	4	3	1
2	8	3	5	7	9	1	6	4
7	6	9	4	8	1	3	2	5
1	5	4	3	2	6	9	7	8

90

8	4	7	2	5	9	3	1	6
6	3	2	1	4	8	5	9	7
9	5	1	3	7	6	4	2	8
4	7	5	9	2	1	6	8	3
2	6	8	7	3	5	1	4	9
3	1	9	6	8	4	2	7	5
5	9	3	4	1	7	8	6	2
7	2	4	8	6	3	9	5	1
1	8	6	5	9	2	7	3	4

91

2	7	1	4	5	6	8	9	3
6	4	3	9	8	1	7	2	5
5	8	9	2	3	7	4	1	6
7	5	2	8	1	3	9	6	4
4	1	6	7	9	5	3	8	2
9	3	8	6	2	4	1	5	7
1	6	7	5	4	8	2	3	9
3	9	5	1	7	2	6	4	8
8	2	4	3	6	9	5	7	1

92

5	3	1	4	7	2	9	8	6
7	6	2	1	8	9	3	5	4
8	4	9	3	5	6	7	1	2
9	2	7	8	6	3	1	4	5
6	5	4	9	1	7	2	3	8
3	1	8	5	2	4	6	9	7
1	7	3	6	4	5	8	2	9
2	8	5	7	9	1	4	6	3
4	9	6	2	3	8	5	7	1

93

2	4	7	8	1	3	9	5	6
9	1	8	5	6	4	7	2	3
3	6	5	7	9	2	8	1	4
4	3	9	1	5	6	2	7	8
1	8	2	4	3	7	6	9	5
5	7	6	2	8	9	4	3	1
7	9	1	6	4	5	3	8	2
6	5	3	9	2	8	1	4	7
8	2	4	3	7	1	5	6	9

94

1	2	8	6	5	4	3	9	7
3	4	7	2	8	9	5	6	1
9	5	6	3	1	7	4	8	2
2	7	9	5	6	3	8	1	4
8	3	1	7	4	2	6	5	9
4	6	5	8	9	1	2	7	3
6	9	3	4	7	5	1	2	8
5	1	4	9	2	8	7	3	6
7	8	2	1	3	6	9	4	5

95

7	5	1	3	9	2	4	6	8
6	3	2	5	8	4	1	7	9
4	9	8	1	6	7	3	2	5
2	4	5	8	1	6	9	3	7
9	7	6	2	5	3	8	4	1
1	8	3	7	4	9	6	5	2
3	2	4	9	7	1	5	8	6
8	1	7	6	3	5	2	9	4
5	6	9	4	2	8	7	1	3

96

3	6	7	9	5	4	2	1	8
5	1	9	8	7	2	3	4	6
4	8	2	1	3	6	9	7	5
9	4	3	2	6	5	1	8	7
7	5	8	4	9	1	6	2	3
1	2	6	3	8	7	5	9	4
2	9	5	7	4	3	8	6	1
8	3	4	6	1	9	7	5	2
6	7	1	5	2	8	4	3	9

97

6	9	4	3	1	7	8	2	5
3	5	2	4	8	6	7	1	9
7	8	1	2	9	5	6	4	3
2	4	3	7	6	9	1	5	8
9	1	7	5	2	8	3	6	4
8	6	5	1	3	4	9	7	2
5	7	6	8	4	3	2	9	1
4	2	8	9	7	1	5	3	6
1	3	9	6	5	2	4	8	7

98

6	9	1	7	3	8	2	5	4
3	2	7	4	5	1	8	6	9
5	8	4	2	9	6	3	1	7
2	4	8	5	1	7	9	3	6
7	1	3	6	2	9	5	4	8
9	5	6	8	4	3	7	2	1
4	7	9	3	6	5	1	8	2
1	6	5	9	8	2	4	7	3
8	3	2	1	7	4	6	9	5

99

5	4	7	9	6	1	8	2	3
2	6	9	3	8	4	1	5	7
8	1	3	5	2	7	4	9	6
6	5	8	7	4	3	2	1	9
7	3	2	1	9	8	5	6	4
1	9	4	2	5	6	7	3	8
3	2	5	4	7	9	6	8	1
9	7	6	8	1	2	3	4	5
4	8	1	6	3	5	9	7	2

100

4	6	8	2	9	7	1	5	3
1	9	3	5	8	6	4	7	2
7	2	5	4	1	3	6	9	8
6	7	2	9	5	8	3	4	1
3	5	1	6	4	2	7	8	9
8	4	9	7	3	1	2	6	5
5	1	4	3	7	9	8	2	6
2	3	7	8	6	5	9	1	4
9	8	6	1	2	4	5	3	7

101

2	4	6	5	8	1	9	3	7
1	9	7	6	4	3	8	2	5
3	5	8	2	7	9	6	1	4
7	3	4	1	9	5	2	8	6
8	6	9	3	2	7	4	5	1
5	1	2	4	6	8	7	9	3
6	7	1	9	5	2	3	4	8
9	8	5	7	3	4	1	6	2
4	2	3	8	1	6	5	7	9

102

8	2	7	4	6	3	9	1	5
4	1	9	8	5	2	6	7	3
6	3	5	9	7	1	2	8	4
9	6	4	5	3	8	7	2	1
2	5	8	1	9	7	3	4	6
3	7	1	6	2	4	5	9	8
5	4	6	7	8	9	1	3	2
7	8	3	2	1	6	4	5	9
1	9	2	3	4	5	8	6	7

103

9	8	4	7	2	5	3	1	6
1	3	2	4	6	8	5	7	9
7	5	6	1	3	9	8	2	4
8	9	5	6	7	1	4	3	2
6	1	3	2	8	4	7	9	5
2	4	7	5	9	3	1	6	8
3	6	9	8	4	7	2	5	1
4	7	1	9	5	2	6	8	3
5	2	8	3	1	6	9	4	7

104

6	1	7	2	9	3	4	5	8
4	3	9	5	8	6	1	7	2
5	2	8	4	7	1	6	3	9
1	7	3	9	6	5	8	2	4
8	4	6	3	2	7	9	1	5
2	9	5	8	1	4	7	6	3
3	6	4	1	5	9	2	8	7
7	5	2	6	4	8	3	9	1
9	8	1	7	3	2	5	4	6

105

1	6	8	3	7	5	9	2	4
3	9	7	4	6	2	5	1	8
5	2	4	1	9	8	3	6	7
6	8	5	2	1	4	7	3	9
7	1	9	8	3	6	2	4	5
2	4	3	7	5	9	1	8	6
9	3	1	6	4	7	8	5	2
8	5	6	9	2	3	4	7	1
4	7	2	5	8	1	6	9	3

106

2	1	9	6	4	5	8	7	3
7	6	8	3	2	9	4	1	5
3	4	5	7	8	1	9	6	2
5	7	6	1	9	3	2	4	8
8	3	4	2	5	6	1	9	7
9	2	1	8	7	4	5	3	6
1	8	7	4	3	2	6	5	9
4	5	2	9	6	7	3	8	1
6	9	3	5	1	8	7	2	4

107

5	7	8	3	6	9	1	4	2
1	2	9	7	5	4	6	8	3
3	6	4	8	2	1	7	9	5
8	3	5	4	1	7	9	2	6
6	4	7	9	8	2	3	5	1
2	9	1	6	3	5	4	7	8
9	5	6	1	7	8	2	3	4
7	1	2	5	4	3	8	6	9
4	8	3	2	9	6	5	1	7

108

6	8	7	9	3	1	2	5	4
1	4	5	8	6	2	3	9	7
3	2	9	5	4	7	8	1	6
9	7	3	1	8	4	6	2	5
2	6	1	7	5	3	9	4	8
8	5	4	6	2	9	7	3	1
5	1	6	2	9	8	4	7	3
7	3	2	4	1	6	5	8	9
4	9	8	3	7	5	1	6	2

109

1	7	9	6	4	5	3	8	2
2	4	8	9	3	7	5	1	6
3	6	5	1	8	2	4	9	7
8	2	7	3	6	4	1	5	9
4	1	3	2	5	9	7	6	8
9	5	6	8	7	1	2	4	3
7	8	4	5	2	6	9	3	1
5	3	1	7	9	8	6	2	4
6	9	2	4	1	3	8	7	5

110

7	3	4	8	5	9	1	6	2
5	9	1	6	3	2	8	7	4
8	6	2	4	7	1	3	9	5
1	4	6	3	2	7	9	5	8
3	2	5	1	9	8	6	4	7
9	7	8	5	4	6	2	1	3
6	5	9	7	8	3	4	2	1
2	8	7	9	1	4	5	3	6
4	1	3	2	6	5	7	8	9

111

2	3	4	1	5	6	8	9	7
8	5	6	9	2	7	3	4	1
1	9	7	8	3	4	5	2	6
4	6	3	5	1	9	7	8	2
9	7	2	6	8	3	1	5	4
5	8	1	7	4	2	9	6	3
7	4	5	2	9	1	6	3	8
3	1	8	4	6	5	2	7	9
6	2	9	3	7	8	4	1	5

112

3	5	2	4	8	7	6	9	1
8	4	1	9	5	6	7	2	3
6	7	9	3	1	2	8	4	5
2	6	3	7	9	8	1	5	4
5	1	7	6	3	4	2	8	9
9	8	4	1	2	5	3	6	7
4	2	6	5	7	1	9	3	8
7	3	5	8	6	9	4	1	2
1	9	8	2	4	3	5	7	6

113

3	1	4	7	8	5	9	6	2
6	5	2	1	9	4	3	7	8
8	7	9	6	3	2	1	5	4
9	2	1	4	5	6	8	3	7
7	6	3	8	1	9	4	2	5
5	4	8	3	2	7	6	1	9
1	3	5	2	4	8	7	9	6
4	9	6	5	7	1	2	8	3
2	8	7	9	6	3	5	4	1

114

2	4	5	6	7	3	1	8	9
8	1	7	9	4	5	6	3	2
3	9	6	2	1	8	4	5	7
7	3	9	1	2	6	8	4	5
5	2	1	8	9	4	3	7	6
4	6	8	3	5	7	9	2	1
1	5	2	4	3	9	7	6	8
9	8	4	7	6	2	5	1	3
6	7	3	5	8	1	2	9	4

115

5	1	7	4	9	2	3	8	6
2	6	4	7	3	8	1	9	5
8	9	3	5	1	6	4	2	7
9	4	2	8	5	1	6	7	3
1	5	8	3	6	7	2	4	9
3	7	6	9	2	4	8	5	1
4	8	9	6	7	3	5	1	2
7	3	1	2	8	5	9	6	4
6	2	5	1	4	9	7	3	8

116

6	9	5	2	7	4	8	1	3
2	3	1	5	9	8	4	6	7
7	4	8	6	3	1	2	9	5
4	8	3	1	5	9	6	7	2
1	2	7	4	8	6	5	3	9
5	6	9	3	2	7	1	4	8
9	5	4	7	6	2	3	8	1
3	7	6	8	1	5	9	2	4
8	1	2	9	4	3	7	5	6

117

2	5	1	7	4	3	9	6	8
3	9	4	6	2	8	5	1	7
6	8	7	9	5	1	3	4	2
8	3	6	2	7	4	1	5	9
7	1	5	3	9	6	8	2	4
9	4	2	8	1	5	6	7	3
5	7	9	1	8	2	4	3	6
4	2	3	5	6	9	7	8	1
1	6	8	4	3	7	2	9	5

118

2	1	5	9	3	4	6	7	8
3	8	7	6	1	5	4	2	9
4	9	6	8	2	7	5	1	3
7	3	4	5	8	2	9	6	1
9	6	8	3	4	1	7	5	2
1	5	2	7	6	9	8	3	4
5	7	3	1	9	8	2	4	6
6	4	9	2	7	3	1	8	5
8	2	1	4	5	6	3	9	7

119

4	9	8	7	2	1	3	6	5
7	2	1	3	6	5	9	4	8
6	5	3	9	8	4	7	1	2
9	4	6	2	1	8	5	3	7
8	1	7	4	5	3	2	9	6
2	3	5	6	9	7	1	8	4
5	6	9	8	3	2	4	7	1
3	7	2	1	4	6	8	5	9
1	8	4	5	7	9	6	2	3

120

9	7	2	1	4	3	6	8	5
8	5	1	7	2	6	9	3	4
6	3	4	9	5	8	7	1	2
2	1	9	4	6	7	8	5	3
4	8	7	3	1	5	2	9	6
5	6	3	2	8	9	1	4	7
1	2	5	8	7	4	3	6	9
3	4	8	6	9	2	5	7	1
7	9	6	5	3	1	4	2	8

121

4	3	6	2	1	5	9	8	7
2	9	5	8	6	7	4	3	1
1	7	8	4	9	3	2	5	6
6	1	7	5	2	8	3	4	9
5	4	9	3	7	6	1	2	8
3	8	2	1	4	9	6	7	5
9	6	3	7	5	2	8	1	4
8	5	4	6	3	1	7	9	2
7	2	1	9	8	4	5	6	3

122

1	3	6	8	5	7	4	2	9
4	9	5	3	2	1	8	7	6
2	8	7	9	6	4	1	5	3
8	5	3	1	9	2	6	4	7
9	1	4	6	7	8	5	3	2
6	7	2	4	3	5	9	1	8
5	2	8	7	4	9	3	6	1
7	6	1	5	8	3	2	9	4
3	4	9	2	1	6	7	8	5

123

2	5	1	8	4	9	7	3	6
8	3	6	1	5	7	2	4	9
9	4	7	6	3	2	8	5	1
5	7	9	2	6	1	3	8	4
3	1	4	7	8	5	6	9	2
6	8	2	4	9	3	5	1	7
7	9	5	3	2	4	1	6	8
4	2	8	5	1	6	9	7	3
1	6	3	9	7	8	4	2	5

124

4	3	5	6	9	8	7	1	2
8	7	6	1	5	2	4	9	3
2	9	1	4	7	3	8	6	5
1	5	2	8	6	4	3	7	9
6	4	9	2	3	7	5	8	1
3	8	7	9	1	5	6	2	4
5	6	3	7	2	9	1	4	8
9	1	4	3	8	6	2	5	7
7	2	8	5	4	1	9	3	6

125

5	3	7	6	1	8	9	4	2
1	6	2	7	4	9	5	8	3
8	4	9	5	3	2	6	7	1
3	5	1	9	8	7	2	6	4
7	8	6	4	2	3	1	5	9
2	9	4	1	5	6	8	3	7
6	2	3	8	7	1	4	9	5
4	1	8	3	9	5	7	2	6
9	7	5	2	6	4	3	1	8

126

3	2	4	1	5	8	6	7	9
6	9	1	7	2	4	5	3	8
5	7	8	3	6	9	2	4	1
1	4	5	8	7	2	3	9	6
9	3	2	6	4	5	8	1	7
8	6	7	9	3	1	4	5	2
4	5	9	2	1	6	7	8	3
2	1	3	4	8	7	9	6	5
7	8	6	5	9	3	1	2	4

127

7	8	5	1	9	4	2	3	6
6	4	2	7	3	5	9	1	8
1	3	9	8	6	2	7	5	4
8	6	7	4	2	1	3	9	5
3	2	4	9	5	6	8	7	1
5	9	1	3	7	8	6	4	2
2	1	3	5	8	9	4	6	7
4	7	6	2	1	3	5	8	9
9	5	8	6	4	7	1	2	3

128

9	8	3	1	6	2	7	4	5
2	7	6	5	4	8	9	3	1
1	4	5	9	3	7	6	2	8
6	2	7	4	8	3	5	1	9
4	9	8	7	1	5	3	6	2
3	5	1	6	2	9	4	8	7
5	6	2	8	7	4	1	9	3
8	1	9	3	5	6	2	7	4
7	3	4	2	9	1	8	5	6

129

2	8	6	4	5	3	1	7	9
4	5	1	2	9	7	6	8	3
3	9	7	1	6	8	4	5	2
9	6	5	3	8	1	7	2	4
8	3	4	6	7	2	5	9	1
1	7	2	5	4	9	8	3	6
5	1	3	8	2	4	9	6	7
6	4	9	7	3	5	2	1	8
7	2	8	9	1	6	3	4	5

130

7	4	2	6	9	1	3	8	5
6	3	9	8	4	5	1	2	7
8	1	5	3	7	2	9	4	6
5	9	1	2	6	3	8	7	4
3	6	4	9	8	7	2	5	1
2	7	8	1	5	4	6	3	9
1	8	7	5	3	9	4	6	2
9	5	3	4	2	6	7	1	8
4	2	6	7	1	8	5	9	3

131

4	6	3	1	5	9	7	8	2
8	5	2	3	6	7	1	9	4
9	1	7	2	4	8	3	6	5
6	7	8	5	9	3	2	4	1
5	3	1	6	2	4	9	7	8
2	4	9	8	7	1	5	3	6
1	8	4	7	3	2	6	5	9
3	9	6	4	1	5	8	2	7
7	2	5	9	8	6	4	1	3

132

8	5	4	7	1	9	3	6	2
3	9	1	2	6	5	4	7	8
7	2	6	3	4	8	5	9	1
2	4	9	1	7	3	8	5	6
5	3	7	4	8	6	1	2	9
6	1	8	5	9	2	7	3	4
4	8	2	6	3	7	9	1	5
9	7	5	8	2	1	6	4	3
1	6	3	9	5	4	2	8	7

133

7	2	1	5	8	3	9	4	6
6	9	4	7	1	2	5	3	8
8	3	5	9	6	4	1	7	2
3	5	9	8	4	7	2	6	1
4	8	6	2	3	1	7	9	5
2	1	7	6	5	9	4	8	3
1	4	2	3	7	8	6	5	9
9	6	3	4	2	5	8	1	7
5	7	8	1	9	6	3	2	4

134

9	1	8	6	4	7	5	2	3
4	6	7	2	3	5	9	1	8
3	2	5	8	1	9	6	7	4
5	7	3	4	2	6	1	8	9
2	8	6	9	5	1	3	4	7
1	9	4	3	7	8	2	6	5
8	3	1	7	9	2	4	5	6
7	5	9	1	6	4	8	3	2
6	4	2	5	8	3	7	9	1

135

6	9	2	5	1	7	8	4	3
7	3	8	9	4	6	2	1	5
5	1	4	8	3	2	9	7	6
8	7	3	4	5	1	6	9	2
1	4	5	2	6	9	7	3	8
2	6	9	7	8	3	1	5	4
9	5	6	3	7	8	4	2	1
3	2	1	6	9	4	5	8	7
4	8	7	1	2	5	3	6	9

136

3	5	4	8	9	6	7	1	2
7	6	9	2	1	5	8	4	3
8	1	2	4	3	7	5	6	9
6	9	8	7	5	2	4	3	1
2	7	5	1	4	3	9	8	6
1	4	3	9	6	8	2	5	7
9	8	6	3	7	4	1	2	5
4	3	1	5	2	9	6	7	8
5	2	7	6	8	1	3	9	4

137

2	9	1	3	5	6	4	8	7
7	4	3	8	1	2	9	6	5
8	6	5	4	9	7	1	3	2
4	1	2	9	7	8	6	5	3
9	7	8	6	3	5	2	1	4
3	5	6	2	4	1	8	7	9
1	3	4	5	6	9	7	2	8
5	8	7	1	2	4	3	9	6
6	2	9	7	8	3	5	4	1

138

2	1	4	3	7	5	9	6	8
3	8	9	1	6	2	7	5	4
5	6	7	4	8	9	2	3	1
1	2	6	9	4	7	3	8	5
4	9	8	5	3	6	1	2	7
7	5	3	2	1	8	4	9	6
6	3	1	8	9	4	5	7	2
9	7	5	6	2	1	8	4	3
8	4	2	7	5	3	6	1	9

139

7	8	1	3	5	4	2	9	6
2	5	9	6	8	7	4	3	1
3	6	4	1	9	2	7	8	5
4	1	3	7	6	9	8	5	2
6	7	5	2	4	8	9	1	3
8	9	2	5	3	1	6	7	4
5	3	8	4	7	6	1	2	9
1	4	7	9	2	5	3	6	8
9	2	6	8	1	3	5	4	7

140

9	4	6	7	8	5	1	2	3
8	1	7	4	2	3	6	5	9
5	2	3	9	1	6	4	7	8
7	5	9	6	3	4	8	1	2
6	8	1	2	9	7	3	4	5
2	3	4	8	5	1	7	9	6
4	6	8	5	7	2	9	3	1
3	7	5	1	6	9	2	8	4
1	9	2	3	4	8	5	6	7

141

1	5	2	7	4	3	8	9	6
7	6	3	2	9	8	5	4	1
4	9	8	6	5	1	3	7	2
5	1	6	8	7	9	4	2	3
3	2	4	1	6	5	7	8	9
9	8	7	4	3	2	6	1	5
8	4	1	3	2	6	9	5	7
2	3	5	9	8	7	1	6	4
6	7	9	5	1	4	2	3	8

142

2	6	5	9	3	7	8	1	4
1	9	4	8	6	2	3	5	7
3	8	7	4	1	5	9	6	2
5	2	1	7	8	6	4	3	9
8	4	3	2	9	1	6	7	5
9	7	6	5	4	3	1	2	8
6	5	8	1	7	4	2	9	3
4	1	2	3	5	9	7	8	6
7	3	9	6	2	8	5	4	1

143

7	8	5	3	1	6	9	2	4
4	3	1	9	2	7	8	6	5
9	2	6	8	4	5	7	3	1
1	7	9	2	6	3	5	4	8
8	5	2	4	7	9	6	1	3
3	6	4	1	5	8	2	7	9
6	1	7	5	8	4	3	9	2
5	4	3	7	9	2	1	8	6
2	9	8	6	3	1	4	5	7

144

9	5	4	7	3	2	6	8	1
7	3	2	6	8	1	9	5	4
6	8	1	9	5	4	7	3	2
4	7	3	2	6	8	1	9	5
2	6	8	1	9	5	4	7	3
1	9	5	4	7	3	2	6	8
3	2	6	8	1	9	5	4	7
8	1	9	5	4	7	3	2	6
5	4	7	3	2	6	8	1	9

145

3	1	2	4	6	5	8	9	7
8	9	5	7	3	1	4	2	6
6	4	7	8	9	2	3	1	5
9	6	4	5	2	8	7	3	1
1	7	3	9	4	6	2	5	8
5	2	8	3	1	7	6	4	9
7	5	1	2	8	3	9	6	4
4	3	6	1	7	9	5	8	2
2	8	9	6	5	4	1	7	3

146

1	6	9	8	3	2	5	4	7
8	7	2	9	4	5	3	1	6
3	5	4	7	6	1	9	8	2
5	4	8	2	1	6	7	9	3
9	1	6	3	5	7	4	2	8
2	3	7	4	8	9	1	6	5
6	8	3	5	9	4	2	7	1
4	2	1	6	7	3	8	5	9
7	9	5	1	2	8	6	3	4

147

4	5	3	6	2	7	1	9	8
1	2	6	3	9	8	4	5	7
9	8	7	5	1	4	6	3	2
3	6	8	4	7	5	9	2	1
2	7	1	9	3	6	5	8	4
5	9	4	1	8	2	3	7	6
6	4	2	8	5	9	7	1	3
8	1	9	7	6	3	2	4	5
7	3	5	2	4	1	8	6	9

148

3	9	4	6	5	7	8	1	2
8	1	7	9	2	4	6	3	5
6	2	5	3	8	1	4	7	9
1	7	3	8	6	2	5	9	4
9	4	6	1	7	5	3	2	8
2	5	8	4	3	9	1	6	7
5	6	1	2	9	8	7	4	3
7	3	2	5	4	6	9	8	1
4	8	9	7	1	3	2	5	6

149

7	5	3	8	9	1	6	4	2
6	4	2	5	3	7	9	1	8
9	1	8	4	2	6	3	7	5
1	8	9	2	6	4	7	5	3
4	2	6	3	7	5	1	8	9
5	3	7	9	1	8	4	2	6
3	7	5	1	8	9	2	6	4
2	6	4	7	5	3	8	9	1
8	9	1	6	4	2	5	3	7

150

6	1	2	8	9	7	3	4	5
7	3	9	1	5	4	8	2	6
8	4	5	6	3	2	9	1	7
1	2	6	5	4	8	7	9	3
9	7	3	2	6	1	5	8	4
4	5	8	9	7	3	2	6	1
5	9	1	3	2	6	4	7	8
2	6	7	4	8	5	1	3	9
3	8	4	7	1	9	6	5	2

151

9	5	8	7	4	1	6	3	2
1	6	3	2	9	8	5	4	7
4	2	7	5	6	3	9	8	1
2	4	6	3	8	9	1	7	5
7	9	5	4	1	2	8	6	3
8	3	1	6	5	7	4	2	9
3	1	4	9	7	6	2	5	8
6	7	9	8	2	5	3	1	4
5	8	2	1	3	4	7	9	6

152

6	4	1	9	2	3	7	8	5
8	7	2	1	5	6	9	3	4
5	9	3	7	4	8	1	6	2
1	2	8	4	3	7	6	5	9
7	3	6	5	8	9	4	2	1
9	5	4	2	6	1	8	7	3
3	8	9	6	1	5	2	4	7
4	1	5	8	7	2	3	9	6
2	6	7	3	9	4	5	1	8

153

9	2	1	6	3	7	5	8	4
8	6	4	1	5	9	3	7	2
7	5	3	2	4	8	6	1	9
6	9	7	5	1	2	4	3	8
4	1	2	8	9	3	7	6	5
3	8	5	7	6	4	2	9	1
2	4	8	9	7	6	1	5	3
5	7	9	3	2	1	8	4	6
1	3	6	4	8	5	9	2	7

154

4	6	2	7	1	9	5	3	8
1	3	8	5	6	4	9	2	7
5	9	7	8	2	3	4	6	1
9	7	1	4	5	2	3	8	6
6	4	3	9	8	7	2	1	5
2	8	5	6	3	1	7	4	9
3	5	4	1	7	6	8	9	2
8	2	6	3	9	5	1	7	4
7	1	9	2	4	8	6	5	3

155

5	1	3	9	2	6	4	7	8
2	9	6	4	8	7	5	1	3
8	4	7	5	3	1	2	9	6
7	8	4	3	1	5	6	2	9
6	2	9	8	7	4	3	5	1
3	5	1	2	6	9	8	4	7
1	3	5	6	9	2	7	8	4
9	6	2	7	4	8	1	3	5
4	7	8	1	5	3	9	6	2

156

6	2	5	9	1	7	4	3	8
9	1	7	4	3	8	5	6	2
4	3	8	5	6	2	7	9	1
3	8	4	6	2	5	9	1	7
1	7	9	3	8	4	6	2	5
2	5	6	1	7	9	3	8	4
5	6	2	7	9	1	8	4	3
7	9	1	8	4	3	2	5	6
8	4	3	2	5	6	1	7	9

157

6	5	1	8	9	4	3	2	7
8	4	7	5	3	2	1	9	6
3	2	9	7	1	6	4	5	8
9	1	6	3	2	7	8	4	5
2	7	3	4	8	5	9	6	1
5	8	4	1	6	9	7	3	2
4	3	8	6	5	1	2	7	9
1	9	5	2	7	3	6	8	4
7	6	2	9	4	8	5	1	3

158

5	7	1	6	4	3	9	8	2
2	8	4	9	1	5	3	6	7
6	9	3	7	8	2	5	1	4
7	2	8	3	9	1	6	4	5
3	1	9	5	6	4	7	2	8
4	5	6	2	7	8	1	9	3
1	4	7	8	3	6	2	5	9
9	6	2	4	5	7	8	3	1
8	3	5	1	2	9	4	7	6

159

8	4	5	2	6	3	1	9	7
9	6	2	5	1	7	4	3	8
3	7	1	9	8	4	2	5	6
1	8	4	3	2	6	5	7	9
7	5	9	8	4	1	3	6	2
2	3	6	7	5	9	8	4	1
6	2	3	4	9	8	7	1	5
4	1	8	6	7	5	9	2	3
5	9	7	1	3	2	6	8	4

160

1	3	5	6	9	2	7	4	8
4	7	6	3	8	1	9	5	2
2	8	9	7	5	4	6	1	3
3	6	2	8	4	9	5	7	1
8	9	1	5	7	3	4	2	6
7	5	4	2	1	6	3	8	9
9	4	8	1	3	7	2	6	5
5	2	7	9	6	8	1	3	4
6	1	3	4	2	5	8	9	7

161

2	5	9	1	6	8	7	3	4
3	8	1	4	2	7	6	9	5
7	6	4	3	9	5	1	2	8
5	2	8	7	3	6	4	1	9
6	4	7	9	8	1	3	5	2
9	1	3	5	4	2	8	7	6
1	9	2	6	7	4	5	8	3
4	3	5	8	1	9	2	6	7
8	7	6	2	5	3	9	4	1

162

2	6	8	5	9	1	4	7	3
1	5	4	3	2	7	9	6	8
7	9	3	8	4	6	2	1	5
4	2	1	6	8	9	5	3	7
5	8	7	1	3	4	6	2	9
9	3	6	7	5	2	1	8	4
6	4	2	9	7	3	8	5	1
3	1	5	4	6	8	7	9	2
8	7	9	2	1	5	3	4	6

163

9	6	2	1	7	8	4	5	3
4	1	5	3	9	6	7	8	2
7	8	3	4	5	2	6	1	9
3	5	6	8	4	7	2	9	1
2	7	9	5	1	3	8	6	4
1	4	8	6	2	9	3	7	5
8	2	1	7	3	5	9	4	6
6	9	4	2	8	1	5	3	7
5	3	7	9	6	4	1	2	8

164

4	1	8	2	6	3	7	9	5
9	7	2	5	8	1	4	3	6
3	6	5	9	7	4	8	1	2
8	2	3	4	9	6	1	5	7
6	5	9	1	2	7	3	4	8
7	4	1	3	5	8	6	2	9
5	8	4	7	3	9	2	6	1
1	9	7	6	4	2	5	8	3
2	3	6	8	1	5	9	7	4

165

2	1	9	6	7	5	3	4	8
3	7	5	4	8	9	1	6	2
4	8	6	2	1	3	7	9	5
1	5	3	9	4	7	2	8	6
9	6	7	8	3	2	5	1	4
8	2	4	5	6	1	9	7	3
7	4	1	3	2	8	6	5	9
6	9	2	1	5	4	8	3	7
5	3	8	7	9	6	4	2	1

166

7	1	4	9	6	5	2	8	3
8	6	9	3	1	2	5	4	7
5	3	2	8	4	7	6	9	1
3	2	6	4	9	1	8	7	5
1	4	8	7	5	6	9	3	2
9	5	7	2	8	3	4	1	6
2	8	5	1	3	4	7	6	9
4	7	3	6	2	9	1	5	8
6	9	1	5	7	8	3	2	4

167

3	7	9	8	6	2	4	5	1
2	4	8	1	5	3	7	9	6
5	1	6	9	4	7	3	8	2
8	3	4	7	1	9	6	2	5
9	6	1	2	3	5	8	7	4
7	2	5	6	8	4	9	1	3
1	9	2	4	7	6	5	3	8
6	5	7	3	2	8	1	4	9
4	8	3	5	9	1	2	6	7

168

5	8	2	4	1	9	7	6	3
4	6	7	8	5	3	2	1	9
9	3	1	2	6	7	8	4	5
3	2	9	5	8	6	1	7	4
8	4	5	1	7	2	3	9	6
7	1	6	9	3	4	5	2	8
2	7	4	3	9	8	6	5	1
6	5	8	7	4	1	9	3	2
1	9	3	6	2	5	4	8	7

169

9	7	8	3	1	2	4	6	5
6	4	2	7	5	8	1	3	9
1	3	5	9	6	4	7	2	8
4	2	9	8	7	1	6	5	3
3	5	1	6	4	9	8	7	2
8	6	7	5	2	3	9	4	1
2	9	3	4	8	6	5	1	7
7	8	4	1	3	5	2	9	6
5	1	6	2	9	7	3	8	4

170

6	9	8	2	5	4	7	1	3
7	1	2	9	3	8	4	6	5
5	3	4	6	7	1	8	2	9
1	7	6	4	9	5	3	8	2
2	8	3	1	6	7	9	5	4
4	5	9	3	8	2	6	7	1
3	4	1	8	2	6	5	9	7
9	6	5	7	1	3	2	4	8
8	2	7	5	4	9	1	3	6

171

2	3	9	8	4	7	6	1	5
6	4	7	9	5	1	2	3	8
5	1	8	2	6	3	7	9	4
9	6	3	1	2	5	4	8	7
1	2	5	7	8	4	3	6	9
7	8	4	6	3	9	5	2	1
3	9	1	4	7	6	8	5	2
8	7	6	5	1	2	9	4	3
4	5	2	3	9	8	1	7	6

172

7	3	8	5	6	2	1	4	9
2	5	1	4	9	7	6	3	8
4	9	6	8	3	1	5	7	2
6	2	7	9	4	3	8	5	1
9	4	5	1	8	6	7	2	3
8	1	3	2	7	5	4	9	6
1	6	9	7	2	4	3	8	5
3	7	2	6	5	8	9	1	4
5	8	4	3	1	9	2	6	7

173

9	6	2	5	7	1	8	4	3
7	8	5	4	2	3	1	9	6
3	1	4	6	8	9	7	5	2
1	7	3	8	9	5	6	2	4
6	2	9	3	4	7	5	8	1
4	5	8	2	1	6	3	7	9
5	9	1	7	3	4	2	6	8
2	4	6	1	5	8	9	3	7
8	3	7	9	6	2	4	1	5

174

2	1	9	8	5	4	7	3	6
8	4	6	7	1	3	2	5	9
5	3	7	2	9	6	4	8	1
4	2	1	3	7	9	5	6	8
9	7	3	6	8	5	1	4	2
6	5	8	4	2	1	9	7	3
3	8	2	9	4	7	6	1	5
1	6	4	5	3	2	8	9	7
7	9	5	1	6	8	3	2	4

175

8	7	9	1	6	3	5	2	4
1	3	5	9	2	4	7	6	8
4	2	6	8	5	7	3	1	9
7	9	2	4	8	5	1	3	6
6	1	4	3	9	2	8	7	5
5	8	3	7	1	6	4	9	2
9	6	1	5	7	8	2	4	3
3	5	7	2	4	9	6	8	1
2	4	8	6	3	1	9	5	7

176

8	2	7	6	1	9	4	5	3
5	6	1	7	3	4	9	8	2
9	4	3	2	8	5	7	1	6
2	7	6	4	5	8	1	3	9
1	5	4	9	7	3	2	6	8
3	8	9	1	6	2	5	7	4
7	3	2	8	4	1	6	9	5
6	9	5	3	2	7	8	4	1
4	1	8	5	9	6	3	2	7

177

8	4	1	6	3	7	5	9	2
3	2	9	4	5	1	6	7	8
5	7	6	2	9	8	4	3	1
2	9	3	5	7	4	8	1	6
6	5	8	3	1	9	7	2	4
7	1	4	8	6	2	3	5	9
9	3	7	1	4	6	2	8	5
4	8	5	9	2	3	1	6	7
1	6	2	7	8	5	9	4	3

178

9	3	5	7	4	1	6	8	2
6	1	4	5	2	8	3	9	7
2	8	7	3	9	6	1	4	5
4	7	3	1	5	2	9	6	8
1	6	2	8	7	9	4	5	3
8	5	9	6	3	4	2	7	1
7	4	8	9	1	3	5	2	6
5	2	1	4	6	7	8	3	9
3	9	6	2	8	5	7	1	4

179

8	1	4	2	3	5	9	7	6
5	9	2	8	6	7	3	1	4
7	6	3	1	4	9	2	8	5
1	8	9	7	2	6	4	5	3
2	3	7	4	5	8	1	6	9
6	4	5	3	9	1	8	2	7
4	7	8	6	1	3	5	9	2
9	2	6	5	8	4	7	3	1
3	5	1	9	7	2	6	4	8

180

5	2	4	7	1	8	9	6	3
7	3	1	6	5	9	2	4	8
9	6	8	3	2	4	5	1	7
3	8	7	5	4	1	6	2	9
6	4	9	2	3	7	1	8	5
2	1	5	9	8	6	3	7	4
1	9	6	8	7	3	4	5	2
8	5	3	4	6	2	7	9	1
4	7	2	1	9	5	8	3	6

181

2	6	4	9	1	7	3	5	8
3	1	8	5	2	6	7	9	4
7	9	5	8	4	3	1	2	6
6	5	3	4	7	1	2	8	9
8	4	7	2	5	9	6	3	1
9	2	1	3	6	8	4	7	5
5	7	2	1	8	4	9	6	3
4	3	6	7	9	5	8	1	2
1	8	9	6	3	2	5	4	7

182

2	1	7	3	8	4	9	5	6
9	6	4	1	2	5	8	3	7
3	5	8	7	6	9	2	1	4
7	8	5	2	9	1	4	6	3
1	3	9	4	5	6	7	2	8
4	2	6	8	7	3	5	9	1
8	9	3	6	4	2	1	7	5
5	7	1	9	3	8	6	4	2
6	4	2	5	1	7	3	8	9

183

1	4	8	9	3	6	7	5	2
5	2	7	1	4	8	9	3	6
3	6	9	5	2	7	1	4	8
8	1	4	6	9	3	2	7	5
7	5	2	8	1	4	6	9	3
9	3	6	7	5	2	8	1	4
4	8	1	3	6	9	5	2	7
2	7	5	4	8	1	3	6	9
6	9	3	2	7	5	4	8	1

184

4	5	1	3	2	6	7	9	8
3	7	2	9	5	8	4	1	6
8	6	9	1	7	4	2	5	3
9	2	6	5	8	3	1	4	7
7	3	4	2	6	1	9	8	5
5	1	8	7	4	9	6	3	2
2	8	3	4	1	7	5	6	9
6	4	7	8	9	5	3	2	1
1	9	5	6	3	2	8	7	4

185

1	9	6	5	3	4	2	7	8
8	2	3	1	6	7	5	9	4
7	5	4	2	9	8	6	3	1
6	1	7	3	4	2	8	5	9
9	8	2	6	7	5	4	1	3
3	4	5	9	8	1	7	6	2
5	6	1	8	2	9	3	4	7
4	3	8	7	1	6	9	2	5
2	7	9	4	5	3	1	8	6

186

2	1	6	5	3	7	8	4	9
9	7	8	4	6	1	5	2	3
4	3	5	2	8	9	7	1	6
7	8	3	9	1	4	2	6	5
6	9	1	8	2	5	4	3	7
5	4	2	3	7	6	1	9	8
8	6	9	1	5	2	3	7	4
1	5	4	7	9	3	6	8	2
3	2	7	6	4	8	9	5	1

187

4	7	2	8	1	3	6	9	5
9	5	3	2	6	4	8	1	7
6	8	1	9	5	7	3	4	2
8	1	4	5	9	2	7	3	6
3	9	5	7	8	6	1	2	4
2	6	7	3	4	1	9	5	8
5	4	6	1	3	8	2	7	9
7	3	8	4	2	9	5	6	1
1	2	9	6	7	5	4	8	3

188

2	1	5	8	9	6	4	7	3
6	9	7	3	2	4	8	5	1
8	4	3	7	1	5	9	6	2
9	3	6	5	4	7	2	1	8
4	7	1	2	3	8	5	9	6
5	8	2	1	6	9	3	4	7
3	2	4	9	7	1	6	8	5
1	5	9	6	8	3	7	2	4
7	6	8	4	5	2	1	3	9

189

3	1	2	9	5	6	4	7	8
8	6	7	2	3	4	1	5	9
4	5	9	8	1	7	6	3	2
7	4	8	3	6	9	2	1	5
1	9	6	5	8	2	7	4	3
2	3	5	4	7	1	8	9	6
6	2	3	7	4	5	9	8	1
5	7	1	6	9	8	3	2	4
9	8	4	1	2	3	5	6	7

190

5	3	2	8	4	7	1	6	9
7	9	8	1	6	3	4	5	2
4	6	1	2	9	5	7	3	8
3	1	7	6	2	4	8	9	5
6	8	4	7	5	9	3	2	1
9	2	5	3	8	1	6	7	4
2	4	6	5	7	8	9	1	3
8	7	3	9	1	2	5	4	6
1	5	9	4	3	6	2	8	7

191

2	1	4	8	5	6	7	3	9
3	9	5	1	7	2	8	6	4
6	8	7	9	4	3	1	5	2
8	6	9	2	1	4	3	7	5
5	4	2	3	8	7	6	9	1
1	7	3	6	9	5	2	4	8
7	2	8	5	3	9	4	1	6
9	3	1	4	6	8	5	2	7
4	5	6	7	2	1	9	8	3

192

6	9	8	1	3	2	5	4	7
1	5	7	4	8	9	2	3	6
2	3	4	7	6	5	1	9	8
8	1	2	9	4	3	7	6	5
5	7	3	2	1	6	4	8	9
9	4	6	5	7	8	3	1	2
4	8	1	6	5	7	9	2	3
3	2	5	8	9	4	6	7	1
7	6	9	3	2	1	8	5	4

193

7	9	5	8	1	3	6	2	4
8	6	3	2	4	7	1	9	5
2	4	1	6	5	9	3	7	8
4	5	8	9	6	1	7	3	2
3	1	2	7	8	5	9	4	6
9	7	6	4	3	2	5	8	1
5	2	7	1	9	4	8	6	3
6	3	4	5	7	8	2	1	9
1	8	9	3	2	6	4	5	7

194

2	9	1	5	6	4	8	7	3
3	5	7	1	8	9	2	6	4
6	4	8	3	7	2	1	9	5
7	6	9	8	2	3	5	4	1
8	1	4	7	9	5	3	2	6
5	3	2	4	1	6	7	8	9
4	7	5	6	3	8	9	1	2
9	8	3	2	4	1	6	5	7
1	2	6	9	5	7	4	3	8

195

6	8	3	9	1	2	7	5	4
9	7	5	8	4	3	6	1	2
1	4	2	5	6	7	9	8	3
7	3	4	2	5	6	1	9	8
2	9	6	1	3	8	4	7	5
8	5	1	7	9	4	2	3	6
4	6	7	3	8	1	5	2	9
5	1	8	6	2	9	3	4	7
3	2	9	4	7	5	8	6	1

196

4	5	8	1	6	2	9	7	3
2	1	3	8	7	9	6	4	5
7	6	9	4	5	3	1	8	2
9	3	4	2	8	1	5	6	7
8	7	6	9	3	5	2	1	4
5	2	1	7	4	6	3	9	8
6	4	5	3	9	8	7	2	1
3	8	2	6	1	7	4	5	9
1	9	7	5	2	4	8	3	6

197

7	5	3	2	8	9	4	1	6
6	9	1	4	3	7	8	2	5
2	4	8	1	6	5	9	3	7
5	1	9	3	7	4	6	8	2
4	3	7	6	2	8	1	5	9
8	2	6	9	5	1	7	4	3
9	7	4	5	1	3	2	6	8
3	8	2	7	4	6	5	9	1
1	6	5	8	9	2	3	7	4

198

4	7	6	8	3	9	2	5	1
3	9	1	5	6	2	4	8	7
2	5	8	7	1	4	6	9	3
8	2	3	9	5	6	7	1	4
7	1	9	4	8	3	5	6	2
5	6	4	2	7	1	9	3	8
9	3	5	1	4	7	8	2	6
1	8	7	6	2	5	3	4	9
6	4	2	3	9	8	1	7	5

199

9	7	1	8	5	4	2	3	6
8	6	5	2	1	3	7	4	9
2	3	4	7	6	9	8	5	1
6	1	8	4	2	7	3	9	5
4	5	7	9	3	6	1	8	2
3	9	2	1	8	5	4	6	7
1	8	9	6	4	2	5	7	3
5	4	6	3	7	1	9	2	8
7	2	3	5	9	8	6	1	4

200

9	5	4	1	6	7	2	8	3
6	8	2	9	4	3	5	1	7
3	7	1	8	5	2	6	9	4
8	1	5	7	9	6	3	4	2
4	3	9	5	2	8	7	6	1
7	2	6	3	1	4	8	5	9
1	9	8	2	7	5	4	3	6
5	4	7	6	3	9	1	2	8
2	6	3	4	8	1	9	7	5

201

1	2	5	6	3	4	7	8	9
7	8	4	9	1	5	3	6	2
6	9	3	7	8	2	4	1	5
8	7	6	4	9	3	2	5	1
9	5	1	8	2	7	6	4	3
4	3	2	5	6	1	9	7	8
2	6	8	1	4	9	5	3	7
5	1	9	3	7	6	8	2	4
3	4	7	2	5	8	1	9	6

202

6	1	4	9	3	8	2	7	5
3	5	9	2	7	4	1	6	8
8	2	7	6	5	1	3	4	9
4	6	5	8	1	3	7	9	2
7	8	2	4	9	5	6	1	3
1	9	3	7	2	6	8	5	4
9	4	8	1	6	2	5	3	7
5	7	1	3	8	9	4	2	6
2	3	6	5	4	7	9	8	1

203

2	4	8	7	6	3	9	5	1
3	7	6	5	1	9	8	2	4
1	9	5	4	8	2	6	7	3
5	8	1	9	4	6	7	3	2
9	2	3	1	7	5	4	6	8
4	6	7	2	3	8	5	1	9
8	3	2	6	9	7	1	4	5
6	1	9	3	5	4	2	8	7
7	5	4	8	2	1	3	9	6

204

1	2	7	5	9	3	4	6	8
3	8	9	4	6	1	7	2	5
4	5	6	8	2	7	3	1	9
2	3	5	1	4	9	8	7	6
9	4	8	7	5	6	1	3	2
6	7	1	3	8	2	5	9	4
7	6	4	9	1	5	2	8	3
8	1	2	6	3	4	9	5	7
5	9	3	2	7	8	6	4	1

205

8	1	3	9	6	5	7	4	2
9	7	5	2	3	4	1	6	8
6	2	4	1	8	7	3	5	9
1	4	2	3	9	8	6	7	5
3	6	7	4	5	2	8	9	1
5	9	8	6	7	1	2	3	4
4	3	1	7	2	9	5	8	6
7	8	9	5	1	6	4	2	3
2	5	6	8	4	3	9	1	7

206

9	3	5	7	8	2	6	1	4
6	7	4	5	1	9	8	2	3
8	2	1	6	4	3	7	5	9
4	5	9	8	6	1	2	3	7
7	1	8	2	3	4	5	9	6
2	6	3	9	7	5	1	4	8
1	4	6	3	2	7	9	8	5
5	8	2	4	9	6	3	7	1
3	9	7	1	5	8	4	6	2

207

9	4	8	7	5	6	3	1	2
5	2	3	1	9	4	8	7	6
1	7	6	8	2	3	5	4	9
4	5	9	2	3	1	6	8	7
2	3	1	6	7	8	4	9	5
6	8	7	9	4	5	2	3	1
8	9	5	3	1	2	7	6	4
7	6	2	4	8	9	1	5	3
3	1	4	5	6	7	9	2	8

208

3	9	4	8	2	5	1	6	7
8	6	5	1	3	7	4	2	9
1	7	2	4	6	9	8	3	5
6	8	3	2	9	4	7	5	1
5	1	9	6	7	8	3	4	2
2	4	7	3	5	1	9	8	6
4	3	6	7	1	2	5	9	8
7	5	8	9	4	6	2	1	3
9	2	1	5	8	3	6	7	4

209

1	9	7	8	5	4	3	6	2
4	5	2	3	7	6	1	9	8
6	8	3	9	2	1	4	7	5
9	3	5	6	1	8	7	2	4
2	4	1	7	9	3	8	5	6
8	7	6	5	4	2	9	3	1
3	1	4	2	6	9	5	8	7
5	6	9	1	8	7	2	4	3
7	2	8	4	3	5	6	1	9

210

4	8	1	6	7	2	9	3	5
2	3	5	4	1	9	6	7	8
9	7	6	8	5	3	2	1	4
1	2	3	9	4	6	8	5	7
5	9	8	3	2	7	1	4	6
6	4	7	1	8	5	3	2	9
3	6	4	7	9	1	5	8	2
7	1	2	5	6	8	4	9	3
8	5	9	2	3	4	7	6	1

211

6	8	7	3	1	4	5	2	9
3	9	1	8	5	2	4	7	6
2	4	5	9	6	7	8	1	3
5	2	6	7	9	8	3	4	1
4	1	3	5	2	6	7	9	8
9	7	8	4	3	1	6	5	2
8	3	4	1	7	9	2	6	5
7	6	9	2	8	5	1	3	4
1	5	2	6	4	3	9	8	7

212

9	4	3	1	6	5	2	7	8
1	8	6	4	7	2	9	5	3
5	7	2	8	3	9	1	6	4
6	2	5	9	4	7	8	3	1
3	1	4	2	8	6	5	9	7
7	9	8	5	1	3	4	2	6
8	3	9	7	2	4	6	1	5
2	6	1	3	5	8	7	4	9
4	5	7	6	9	1	3	8	2

213

2	1	3	8	5	4	9	6	7
4	6	9	7	1	3	5	2	8
5	7	8	9	6	2	1	4	3
3	5	4	6	2	8	7	9	1
6	8	7	1	4	9	2	3	5
1	9	2	5	3	7	4	8	6
8	2	6	4	7	5	3	1	9
9	4	5	3	8	1	6	7	2
7	3	1	2	9	6	8	5	4

214

9	4	2	7	8	6	1	3	5
7	1	6	5	3	9	2	8	4
8	3	5	1	2	4	6	9	7
4	6	7	8	1	2	3	5	9
5	9	1	4	6	3	7	2	8
2	8	3	9	5	7	4	1	6
1	7	4	2	9	5	8	6	3
3	2	9	6	7	8	5	4	1
6	5	8	3	4	1	9	7	2

215

6	2	7	1	3	9	8	4	5
8	3	1	6	5	4	7	2	9
4	9	5	2	8	7	6	1	3
1	4	8	5	7	2	9	3	6
5	7	2	3	9	6	4	8	1
9	6	3	8	4	1	5	7	2
7	5	6	4	2	3	1	9	8
3	8	9	7	1	5	2	6	4
2	1	4	9	6	8	3	5	7

216

9	6	8	7	3	1	2	4	5
2	3	4	9	6	5	7	1	8
1	5	7	2	4	8	9	6	3
6	4	2	8	1	3	5	9	7
5	9	3	6	7	2	4	8	1
7	8	1	4	5	9	6	3	2
3	1	6	5	9	7	8	2	4
8	7	9	3	2	4	1	5	6
4	2	5	1	8	6	3	7	9

217

2	8	9	6	1	7	5	4	3
7	5	1	3	2	4	9	6	8
6	3	4	5	8	9	1	7	2
9	2	5	4	3	8	6	1	7
4	1	3	7	6	2	8	5	9
8	7	6	9	5	1	2	3	4
1	4	7	8	9	5	3	2	6
5	6	8	2	4	3	7	9	1
3	9	2	1	7	6	4	8	5

218

9	5	2	7	1	8	4	6	3
7	1	3	9	4	6	2	5	8
6	4	8	5	2	3	9	7	1
4	9	5	2	3	7	1	8	6
1	3	6	4	8	5	7	9	2
2	8	7	1	6	9	5	3	4
5	6	4	8	9	1	3	2	7
3	2	9	6	7	4	8	1	5
8	7	1	3	5	2	6	4	9

219

6	3	7	4	2	5	8	9	1
4	1	5	9	8	3	2	6	7
9	2	8	6	7	1	3	5	4
8	6	2	7	3	9	1	4	5
7	5	1	8	4	6	9	3	2
3	4	9	1	5	2	7	8	6
1	7	6	3	9	4	5	2	8
5	8	3	2	6	7	4	1	9
2	9	4	5	1	8	6	7	3

220

2	1	4	6	8	7	9	5	3
5	3	6	9	4	1	8	2	7
9	8	7	2	5	3	1	6	4
4	6	9	7	3	2	5	8	1
3	7	1	5	9	8	6	4	2
8	5	2	1	6	4	3	7	9
7	9	5	3	2	6	4	1	8
1	4	3	8	7	5	2	9	6
6	2	8	4	1	9	7	3	5

221

6	9	2	1	5	7	3	8	4
8	4	3	6	9	2	1	5	7
1	5	7	3	8	4	2	6	9
4	3	8	9	2	6	5	7	1
9	2	6	5	7	1	8	4	3
5	7	1	8	4	3	6	9	2
3	8	4	2	6	9	7	1	5
7	1	5	4	3	8	9	2	6
2	6	9	7	1	5	4	3	8

222

3	6	8	5	7	4	2	1	9
9	5	1	2	6	8	7	3	4
4	7	2	1	9	3	8	6	5
5	8	7	9	1	6	4	2	3
6	4	3	7	8	2	9	5	1
1	2	9	4	3	5	6	7	8
2	3	4	8	5	7	1	9	6
7	9	6	3	4	1	5	8	2
8	1	5	6	2	9	3	4	7

223

6	7	3	4	2	9	5	8	1
9	1	8	7	6	5	2	4	3
5	4	2	3	8	1	9	6	7
8	9	4	6	1	3	7	5	2
2	3	7	8	5	4	1	9	6
1	5	6	2	9	7	4	3	8
4	6	5	1	7	8	3	2	9
3	8	1	9	4	2	6	7	5
7	2	9	5	3	6	8	1	4

224

6	7	3	2	1	9	5	4	8
1	2	4	8	5	3	7	9	6
8	9	5	7	4	6	1	2	3
9	6	7	4	8	5	3	1	2
2	3	1	9	6	7	4	8	5
4	5	8	3	2	1	6	7	9
3	8	2	6	7	4	9	5	1
7	1	6	5	9	8	2	3	4
5	4	9	1	3	2	8	6	7

225

7	4	8	5	3	6	2	1	9
1	2	5	4	9	8	6	3	7
3	6	9	7	1	2	4	8	5
4	1	3	9	8	7	5	2	6
9	8	2	6	5	3	7	4	1
5	7	6	2	4	1	8	9	3
2	9	7	1	6	4	3	5	8
6	3	1	8	2	5	9	7	4
8	5	4	3	7	9	1	6	2

226

9	1	8	4	5	6	7	2	3
2	3	5	9	7	8	1	4	6
7	4	6	2	1	3	5	9	8
5	7	2	1	6	4	3	8	9
3	6	9	5	8	2	4	7	1
1	8	4	7	3	9	2	6	5
6	9	1	3	2	7	8	5	4
8	2	3	6	4	5	9	1	7
4	5	7	8	9	1	6	3	2

227

7	5	9	6	3	2	8	1	4
2	4	3	7	8	1	5	6	9
6	1	8	4	9	5	7	3	2
3	7	1	9	5	8	4	2	6
9	6	2	3	7	4	1	5	8
5	8	4	1	2	6	3	9	7
8	2	7	5	6	3	9	4	1
1	9	5	2	4	7	6	8	3
4	3	6	8	1	9	2	7	5

228

5	2	9	7	3	6	4	1	8
6	1	4	8	9	2	7	5	3
7	3	8	1	5	4	2	6	9
2	5	7	4	1	3	9	8	6
3	4	1	6	8	9	5	7	2
8	9	6	2	7	5	1	3	4
1	6	3	9	4	7	8	2	5
4	7	2	5	6	8	3	9	1
9	8	5	3	2	1	6	4	7

229

3	1	2	7	6	4	5	8	9
5	8	9	3	1	2	7	6	4
7	6	4	5	8	9	3	1	2
8	9	7	1	2	5	6	4	3
1	2	5	6	4	3	8	9	7
6	4	3	8	9	7	1	2	5
9	7	6	2	5	8	4	3	1
4	3	1	9	7	6	2	5	8
2	5	8	4	3	1	9	7	6

230

2	8	4	3	1	7	6	9	5
3	6	9	4	8	5	2	7	1
1	7	5	2	6	9	3	4	8
9	2	1	5	4	6	8	3	7
4	3	6	7	2	8	1	5	9
7	5	8	9	3	1	4	2	6
6	9	2	1	7	3	5	8	4
5	1	3	8	9	4	7	6	2
8	4	7	6	5	2	9	1	3

231

7	8	3	1	6	4	2	5	9
4	5	2	3	9	8	7	6	1
6	1	9	5	7	2	8	4	3
3	9	4	2	5	6	1	7	8
1	7	8	4	3	9	5	2	6
2	6	5	8	1	7	9	3	4
5	3	6	9	2	1	4	8	7
8	2	1	7	4	3	6	9	5
9	4	7	6	8	5	3	1	2

232

2	8	3	5	6	4	1	9	7
4	5	6	7	1	9	3	2	8
9	7	1	8	3	2	6	4	5
8	1	9	3	2	5	4	7	6
5	3	2	6	4	7	9	8	1
7	6	4	1	9	8	2	5	3
1	4	7	9	8	3	5	6	2
3	9	8	2	5	6	7	1	4
6	2	5	4	7	1	8	3	9

233

5	3	8	1	6	9	4	2	7
2	1	4	5	3	7	6	9	8
6	9	7	4	2	8	1	3	5
9	7	2	8	4	5	3	6	1
1	8	6	9	7	3	5	4	2
3	4	5	2	1	6	8	7	9
7	2	3	6	5	1	9	8	4
8	6	1	7	9	4	2	5	3
4	5	9	3	8	2	7	1	6

234

8	7	4	3	1	5	9	6	2
1	3	2	4	6	9	7	5	8
9	5	6	7	8	2	1	3	4
5	9	3	8	4	7	2	1	6
4	1	8	2	5	6	3	7	9
2	6	7	1	9	3	4	8	5
7	8	9	5	3	4	6	2	1
3	4	5	6	2	1	8	9	7
6	2	1	9	7	8	5	4	3

235

5	8	3	7	2	1	9	4	6
7	2	6	3	9	4	1	5	8
1	4	9	6	8	5	2	7	3
9	6	5	1	7	8	4	3	2
8	3	7	4	6	2	5	1	9
2	1	4	5	3	9	8	6	7
6	5	8	9	4	3	7	2	1
4	7	2	8	1	6	3	9	5
3	9	1	2	5	7	6	8	4

236

3	2	5	9	4	6	7	8	1
7	4	1	5	8	2	6	3	9
9	6	8	1	3	7	2	4	5
8	1	4	3	6	9	5	7	2
6	5	7	4	2	1	3	9	8
2	9	3	8	7	5	4	1	6
5	3	6	7	1	8	9	2	4
1	7	2	6	9	4	8	5	3
4	8	9	2	5	3	1	6	7

237

7	9	3	1	2	5	8	4	6
6	2	4	3	9	8	1	7	5
1	8	5	4	7	6	2	3	9
4	1	7	2	5	3	9	6	8
8	3	2	6	4	9	7	5	1
5	6	9	7	8	1	3	2	4
9	5	6	8	3	2	4	1	7
3	4	8	5	1	7	6	9	2
2	7	1	9	6	4	5	8	3

238

7	8	3	4	2	9	1	6	5
5	2	4	8	1	6	3	7	9
6	9	1	3	7	5	8	4	2
1	4	5	9	6	8	7	2	3
8	7	2	1	4	3	9	5	6
9	3	6	7	5	2	4	8	1
4	5	7	2	3	1	6	9	8
2	1	9	6	8	7	5	3	4
3	6	8	5	9	4	2	1	7

239

3	1	6	8	9	5	4	7	2
9	5	7	6	4	2	1	8	3
2	8	4	3	7	1	9	5	6
7	4	2	9	5	6	3	1	8
5	6	9	1	3	8	7	2	4
8	3	1	4	2	7	6	9	5
6	2	5	7	1	3	8	4	9
1	9	3	2	8	4	5	6	7
4	7	8	5	6	9	2	3	1

240

8	2	5	7	1	6	9	3	4
6	4	9	5	3	8	7	1	2
1	3	7	4	9	2	6	8	5
3	7	6	1	8	5	2	4	9
9	5	8	3	2	4	1	7	6
4	1	2	9	6	7	3	5	8
7	8	3	2	4	9	5	6	1
2	6	1	8	5	3	4	9	7
5	9	4	6	7	1	8	2	3

241

2	3	4	9	1	6	7	8	5
6	1	9	7	8	5	3	4	2
7	8	5	4	2	3	9	1	6
5	9	6	3	7	1	8	2	4
8	7	1	2	9	4	5	6	3
3	4	2	5	6	8	1	9	7
9	5	8	6	4	7	2	3	1
4	2	7	1	3	9	6	5	8
1	6	3	8	5	2	4	7	9

242

2	3	6	9	7	4	8	5	1
4	7	9	8	5	1	3	6	2
8	5	1	6	2	3	9	7	4
3	6	2	1	4	5	7	9	8
5	8	7	2	9	6	1	4	3
1	9	4	3	8	7	5	2	6
9	1	5	4	6	8	2	3	7
6	2	8	7	3	9	4	1	5
7	4	3	5	1	2	6	8	9

243

1	2	5	9	8	7	3	4	6
3	6	8	4	2	1	5	9	7
4	7	9	6	3	5	2	8	1
8	3	1	2	7	9	6	5	4
7	9	4	5	6	3	1	2	8
6	5	2	1	4	8	9	7	3
2	8	7	3	9	6	4	1	5
9	1	6	7	5	4	8	3	2
5	4	3	8	1	2	7	6	9

244

6	3	4	8	7	9	2	1	5
8	1	2	6	4	5	9	3	7
9	5	7	1	3	2	8	4	6
1	8	9	3	5	6	7	2	4
7	6	5	4	2	8	1	9	3
2	4	3	9	1	7	6	5	8
4	7	8	5	9	1	3	6	2
5	2	1	7	6	3	4	8	9
3	9	6	2	8	4	5	7	1

245

2	1	5	7	8	4	6	3	9
9	6	7	5	2	3	1	4	8
3	4	8	6	1	9	2	7	5
7	3	4	8	5	1	9	6	2
5	9	6	4	3	2	8	1	7
8	2	1	9	7	6	3	5	4
1	7	3	2	9	5	4	8	6
6	8	9	3	4	7	5	2	1
4	5	2	1	6	8	7	9	3

246

7	4	9	2	1	5	8	3	6
2	1	5	3	6	8	4	9	7
6	3	8	9	7	4	2	1	5
8	9	3	6	4	2	7	5	1
4	7	6	5	8	1	9	2	3
5	2	1	7	3	9	6	4	8
1	5	4	8	2	6	3	7	9
3	6	2	1	9	7	5	8	4
9	8	7	4	5	3	1	6	2

247

2	7	5	1	3	4	8	6	9
6	9	8	5	2	7	4	1	3
4	1	3	9	8	6	2	7	5
8	6	9	7	5	2	3	4	1
3	4	1	6	9	8	5	2	7
5	2	7	4	1	3	9	8	6
1	3	4	8	6	9	7	5	2
7	5	2	3	4	1	6	9	8
9	8	6	2	7	5	1	3	4

248

2	9	6	5	3	7	1	4	8
4	8	1	2	6	9	5	7	3
3	5	7	4	1	8	6	9	2
8	6	9	1	2	4	7	3	5
5	4	2	7	9	3	8	6	1
7	1	3	6	8	5	9	2	4
1	2	4	9	5	6	3	8	7
9	7	8	3	4	1	2	5	6
6	3	5	8	7	2	4	1	9

249

8	5	2	3	7	1	4	9	6
7	9	4	6	8	2	3	5	1
3	6	1	9	4	5	7	2	8
9	8	5	2	3	4	6	1	7
4	2	3	1	6	7	9	8	5
1	7	6	5	9	8	2	3	4
2	4	9	8	1	6	5	7	3
5	1	7	4	2	3	8	6	9
6	3	8	7	5	9	1	4	2

250

9	6	2	3	5	8	4	1	7
1	7	5	9	4	6	8	3	2
3	8	4	1	2	7	6	5	9
8	3	7	2	6	9	1	4	5
5	2	9	4	8	1	3	7	6
6	4	1	5	7	3	9	2	8
4	9	8	7	1	5	2	6	3
7	1	6	8	3	2	5	9	4
2	5	3	6	9	4	7	8	1

251

7	8	1	2	5	6	9	3	4
3	4	5	9	8	1	7	2	6
9	2	6	4	7	3	8	5	1
8	9	2	1	4	7	3	6	5
5	3	4	8	6	2	1	9	7
1	6	7	3	9	5	2	4	8
4	1	9	6	2	8	5	7	3
2	7	8	5	3	4	6	1	9
6	5	3	7	1	9	4	8	2

252

3	9	8	7	5	2	6	1	4
1	6	5	8	4	3	7	2	9
4	7	2	6	9	1	8	3	5
8	5	1	9	2	6	3	4	7
6	2	3	4	1	7	9	5	8
7	4	9	5	3	8	1	6	2
2	1	7	3	8	4	5	9	6
9	8	4	1	6	5	2	7	3
5	3	6	2	7	9	4	8	1

253

3	2	7	5	8	1	6	9	4
6	4	5	9	3	7	2	1	8
9	1	8	2	4	6	7	5	3
2	5	1	4	6	3	9	8	7
7	3	6	8	9	2	5	4	1
8	9	4	7	1	5	3	6	2
4	7	2	6	5	8	1	3	9
5	8	3	1	2	9	4	7	6
1	6	9	3	7	4	8	2	5

254

8	7	4	2	3	5	9	6	1
5	6	1	7	9	8	3	4	2
3	9	2	4	1	6	7	5	8
1	3	9	8	4	7	5	2	6
2	8	7	6	5	3	1	9	4
4	5	6	1	2	9	8	7	3
6	2	3	9	7	1	4	8	5
9	4	5	3	8	2	6	1	7
7	1	8	5	6	4	2	3	9

255

6	5	9	8	7	4	2	3	1
8	3	1	6	9	2	5	4	7
7	2	4	5	3	1	8	9	6
1	7	3	2	6	9	4	5	8
5	4	8	3	1	7	9	6	2
9	6	2	4	8	5	1	7	3
2	9	6	1	5	3	7	8	4
4	8	5	7	2	6	3	1	9
3	1	7	9	4	8	6	2	5

256

4	6	5	3	9	7	8	1	2
3	8	1	2	5	6	4	9	7
7	9	2	4	1	8	3	5	6
1	7	6	5	2	3	9	8	4
9	3	8	6	7	4	1	2	5
5	2	4	9	8	1	6	7	3
6	5	9	8	3	2	7	4	1
8	1	3	7	4	5	2	6	9
2	4	7	1	6	9	5	3	8

257

3	6	1	9	4	8	2	5	7
2	9	5	7	1	6	4	3	8
8	7	4	3	5	2	6	1	9
9	2	8	4	6	1	3	7	5
5	1	3	2	8	7	9	6	4
7	4	6	5	3	9	8	2	1
4	3	2	8	7	5	1	9	6
1	8	7	6	9	3	5	4	2
6	5	9	1	2	4	7	8	3

258

8	1	7	6	5	9	4	2	3
9	4	3	1	7	2	8	6	5
6	5	2	3	8	4	1	7	9
1	7	6	9	4	5	3	8	2
5	3	4	2	6	8	9	1	7
2	9	8	7	1	3	6	5	4
7	8	5	4	3	1	2	9	6
3	2	1	5	9	6	7	4	8
4	6	9	8	2	7	5	3	1

259

1	6	7	9	5	8	3	2	4
3	2	4	7	1	6	8	9	5
9	5	8	3	2	4	7	1	6
7	1	6	8	9	5	4	3	2
8	9	5	4	3	2	6	7	1
4	3	2	6	7	1	5	8	9
5	8	9	2	4	3	1	6	7
6	7	1	5	8	9	2	4	3
2	4	3	1	6	7	9	5	8

260

7	1	8	4	2	9	5	3	6
5	9	6	3	1	8	4	7	2
3	2	4	5	6	7	9	8	1
6	4	3	7	5	1	2	9	8
2	8	5	6	9	4	7	1	3
1	7	9	8	3	2	6	5	4
9	6	1	2	8	5	3	4	7
4	5	2	1	7	3	8	6	9
8	3	7	9	4	6	1	2	5

261

3	4	6	8	2	1	9	5	7
9	8	2	7	5	3	1	4	6
7	1	5	6	9	4	2	8	3
6	3	4	1	7	5	8	9	2
8	2	9	3	4	6	5	7	1
5	7	1	9	8	2	6	3	4
2	5	3	4	6	9	7	1	8
4	6	8	5	1	7	3	2	9
1	9	7	2	3	8	4	6	5

262

5	2	6	1	3	8	4	7	9
8	3	7	6	9	4	2	1	5
9	4	1	5	2	7	8	3	6
3	9	8	4	6	1	7	5	2
7	5	2	3	8	9	6	4	1
6	1	4	7	5	2	3	9	8
2	8	3	9	7	5	1	6	4
1	7	5	2	4	6	9	8	3
4	6	9	8	1	3	5	2	7

263

5	7	2	4	9	3	8	6	1
1	6	3	8	5	7	9	2	4
8	4	9	6	2	1	7	3	5
7	1	8	3	4	6	2	5	9
6	2	5	7	1	9	3	4	8
9	3	4	2	8	5	1	7	6
3	5	6	9	7	8	4	1	2
2	9	1	5	3	4	6	8	7
4	8	7	1	6	2	5	9	3

264

8	4	9	1	3	5	2	6	7
1	3	5	7	6	2	9	8	4
2	6	7	8	9	4	5	3	1
5	1	2	4	7	3	8	9	6
3	7	6	9	1	8	4	5	2
9	8	4	2	5	6	7	1	3
6	2	1	5	8	7	3	4	9
7	9	8	3	4	1	6	2	5
4	5	3	6	2	9	1	7	8

265

7	5	4	1	8	9	3	2	6
2	8	3	4	7	6	1	5	9
9	1	6	2	3	5	7	8	4
8	4	7	9	6	1	5	3	2
3	6	9	5	2	8	4	1	7
5	2	1	7	4	3	9	6	8
1	3	2	6	9	4	8	7	5
4	7	5	8	1	2	6	9	3
6	9	8	3	5	7	2	4	1

266

4	2	6	9	7	1	8	5	3
5	3	8	4	6	2	7	9	1
9	1	7	5	8	3	6	4	2
8	4	3	6	2	9	1	7	5
7	5	1	8	3	4	2	6	9
6	9	2	7	1	5	3	8	4
1	8	5	3	4	6	9	2	7
2	7	9	1	5	8	4	3	6
3	6	4	2	9	7	5	1	8

267

3	5	9	8	1	7	2	6	4
8	4	6	2	5	3	7	1	9
2	7	1	9	6	4	8	5	3
6	9	8	5	7	1	4	3	2
5	2	7	4	3	8	1	9	6
1	3	4	6	9	2	5	7	8
7	1	2	3	8	6	9	4	5
9	8	3	1	4	5	6	2	7
4	6	5	7	2	9	3	8	1

268

5	7	9	6	1	8	3	2	4
6	1	8	2	4	3	7	9	5
4	2	3	9	5	7	6	1	8
3	9	2	4	7	6	5	8	1
7	5	4	8	3	1	9	6	2
8	6	1	5	2	9	4	7	3
1	8	7	3	6	4	2	5	9
2	4	6	1	9	5	8	3	7
9	3	5	7	8	2	1	4	6

269

1	8	6	2	5	7	9	4	3
5	3	7	4	1	9	8	2	6
4	9	2	3	8	6	5	7	1
3	1	5	7	9	2	4	6	8
6	7	8	1	4	3	2	5	9
2	4	9	5	6	8	3	1	7
8	5	4	9	7	1	6	3	2
9	2	1	6	3	4	7	8	5
7	6	3	8	2	5	1	9	4

270

8	2	5	7	3	9	4	6	1
9	6	1	2	5	4	8	3	7
7	4	3	1	8	6	5	2	9
3	7	4	8	2	5	1	9	6
2	5	8	9	6	1	3	7	4
1	9	6	4	7	3	2	8	5
5	3	9	6	1	8	7	4	2
4	8	7	5	9	2	6	1	3
6	1	2	3	4	7	9	5	8

271

2	8	7	9	1	3	6	5	4
6	9	1	7	5	4	3	2	8
3	4	5	8	2	6	1	9	7
4	6	2	1	3	8	9	7	5
1	7	8	5	6	9	4	3	2
5	3	9	2	4	7	8	6	1
7	5	4	3	9	1	2	8	6
9	2	6	4	8	5	7	1	3
8	1	3	6	7	2	5	4	9

272

8	6	5	3	9	7	2	1	4
4	2	3	1	6	8	7	5	9
1	9	7	4	5	2	3	6	8
7	1	9	6	8	5	4	2	3
6	5	8	2	4	3	1	9	7
3	4	2	9	7	1	6	8	5
9	3	6	5	2	4	8	7	1
5	7	1	8	3	6	9	4	2
2	8	4	7	1	9	5	3	6

273

2	9	7	1	5	6	3	4	8
1	5	6	3	4	8	9	7	2
4	8	3	7	2	9	6	1	5
7	2	9	6	1	5	8	3	4
3	4	8	9	7	2	5	6	1
6	1	5	8	3	4	2	9	7
8	3	4	2	9	7	1	5	6
9	7	2	5	6	1	4	8	3
5	6	1	4	8	3	7	2	9

274

3	9	7	2	8	4	6	5	1
4	2	5	7	6	1	9	3	8
1	8	6	9	5	3	7	4	2
9	5	3	1	4	7	2	8	6
8	6	4	5	9	2	3	1	7
2	7	1	8	3	6	5	9	4
6	3	8	4	2	9	1	7	5
7	4	2	3	1	5	8	6	9
5	1	9	6	7	8	4	2	3

275

5	7	3	2	1	8	6	4	9
6	4	2	3	9	5	8	7	1
1	9	8	7	6	4	3	5	2
3	5	7	6	4	2	9	1	8
9	8	1	5	3	7	4	2	6
2	6	4	1	8	9	7	3	5
8	3	5	4	2	6	1	9	7
7	1	6	9	5	3	2	8	4
4	2	9	8	7	1	5	6	3

276

7	6	5	3	1	2	9	4	8
3	4	8	9	5	7	2	1	6
9	1	2	4	8	6	3	5	7
2	7	1	8	6	5	4	3	9
8	9	6	1	3	4	5	7	2
5	3	4	2	7	9	6	8	1
4	2	7	5	9	1	8	6	3
1	5	3	6	2	8	7	9	4
6	8	9	7	4	3	1	2	5

277

5	1	6	8	3	4	9	2	7
3	8	2	7	9	1	6	5	4
7	4	9	2	5	6	3	8	1
6	3	1	4	8	7	5	9	2
2	5	4	6	1	9	8	7	3
9	7	8	3	2	5	1	4	6
8	6	7	9	4	3	2	1	5
4	2	5	1	6	8	7	3	9
1	9	3	5	7	2	4	6	8

278

2	4	6	1	3	5	7	9	8
8	9	5	7	2	4	3	6	1
7	3	1	9	6	8	2	5	4
1	6	4	8	9	3	5	7	2
9	8	3	5	7	2	4	1	6
5	2	7	4	1	6	8	3	9
3	5	9	2	8	1	6	4	7
4	1	8	6	5	7	9	2	3
6	7	2	3	4	9	1	8	5

279

7	4	3	9	2	6	5	1	8
2	6	8	1	5	4	7	9	3
1	9	5	7	8	3	4	6	2
4	8	7	5	6	9	2	3	1
3	1	2	8	4	7	9	5	6
9	5	6	2	3	1	8	7	4
5	3	4	6	9	8	1	2	7
8	7	9	3	1	2	6	4	5
6	2	1	4	7	5	3	8	9

280

8	4	7	6	3	2	1	9	5
2	6	5	9	8	1	3	4	7
1	3	9	7	4	5	2	6	8
9	7	1	8	6	4	5	2	3
5	8	3	1	2	9	6	7	4
4	2	6	3	5	7	8	1	9
7	1	8	5	9	6	4	3	2
6	5	4	2	7	3	9	8	1
3	9	2	4	1	8	7	5	6

281

6	2	3	9	8	5	4	7	1
8	7	4	6	2	1	5	3	9
1	9	5	4	7	3	2	8	6
9	5	1	3	6	2	8	4	7
4	8	7	1	5	9	6	2	3
2	3	6	8	4	7	1	9	5
3	6	8	7	1	4	9	5	2
5	4	9	2	3	6	7	1	8
7	1	2	5	9	8	3	6	4

282

9	4	3	8	1	6	7	5	2
1	2	5	3	7	9	4	8	6
8	6	7	5	4	2	1	3	9
5	1	9	2	8	4	6	7	3
3	8	2	6	5	7	9	1	4
4	7	6	9	3	1	8	2	5
6	5	8	7	9	3	2	4	1
7	9	4	1	2	5	3	6	8
2	3	1	4	6	8	5	9	7

283

5	4	3	9	7	1	6	8	2
8	1	7	6	2	3	4	9	5
9	2	6	4	5	8	3	7	1
3	9	5	2	1	6	7	4	8
1	6	4	8	3	7	2	5	9
7	8	2	5	9	4	1	6	3
2	7	8	3	6	9	5	1	4
6	3	9	1	4	5	8	2	7
4	5	1	7	8	2	9	3	6

284

3	7	9	4	2	5	8	6	1
2	8	6	3	1	9	4	5	7
4	5	1	8	7	6	3	9	2
5	3	7	9	8	1	2	4	6
9	4	8	6	3	2	7	1	5
6	1	2	5	4	7	9	3	8
7	9	4	1	6	8	5	2	3
8	6	3	2	5	4	1	7	9
1	2	5	7	9	3	6	8	4

285

8	1	7	6	5	2	3	4	9
3	4	6	8	7	9	2	1	5
5	2	9	1	3	4	8	7	6
1	8	4	2	9	5	6	3	7
9	3	5	7	1	6	4	2	8
6	7	2	4	8	3	9	5	1
7	6	3	5	2	8	1	9	4
4	9	1	3	6	7	5	8	2
2	5	8	9	4	1	7	6	3

286

9	6	4	2	5	1	7	8	3
5	1	8	6	3	7	2	9	4
2	3	7	8	4	9	6	1	5
3	4	2	1	7	6	9	5	8
1	9	5	3	2	8	4	6	7
8	7	6	4	9	5	3	2	1
4	8	1	9	6	3	5	7	2
7	2	9	5	1	4	8	3	6
6	5	3	7	8	2	1	4	9

287

3	8	6	5	7	2	4	9	1
9	1	2	4	8	6	7	3	5
7	5	4	1	9	3	8	2	6
8	2	7	6	3	9	5	1	4
5	9	1	2	4	8	6	7	3
4	6	3	7	5	1	2	8	9
2	3	5	9	6	7	1	4	8
6	7	9	8	1	4	3	5	2
1	4	8	3	2	5	9	6	7

288

7	1	9	3	6	4	5	8	2
5	2	6	1	7	8	4	3	9
8	3	4	9	5	2	1	7	6
3	4	5	6	2	1	7	9	8
1	6	2	7	8	9	3	4	5
9	7	8	5	4	3	6	2	1
2	9	3	4	1	5	8	6	7
4	5	7	8	9	6	2	1	3
6	8	1	2	3	7	9	5	4

289

3	7	1	5	4	8	6	9	2
2	5	6	1	7	9	4	8	3
4	8	9	3	6	2	5	7	1
6	2	4	8	9	5	3	1	7
7	1	5	4	2	3	8	6	9
8	9	3	7	1	6	2	5	4
5	3	2	9	8	1	7	4	6
1	6	7	2	5	4	9	3	8
9	4	8	6	3	7	1	2	5

290

1	2	3	4	9	6	7	5	8
6	9	8	7	5	2	3	1	4
5	4	7	8	3	1	6	9	2
2	7	5	1	8	4	9	3	6
8	1	4	9	6	3	2	7	5
9	3	6	2	7	5	8	4	1
3	6	9	5	1	8	4	2	7
4	8	1	3	2	7	5	6	9
7	5	2	6	4	9	1	8	3

291

8	7	2	4	3	6	1	5	9
6	5	4	9	7	1	3	2	8
1	3	9	2	5	8	6	4	7
4	9	6	8	2	7	5	1	3
3	8	7	1	4	5	9	6	2
2	1	5	6	9	3	7	8	4
9	2	1	7	6	4	8	3	5
5	4	8	3	1	9	2	7	6
7	6	3	5	8	2	4	9	1

292

7	4	5	6	8	9	2	3	1
3	9	6	2	1	5	7	4	8
1	8	2	4	7	3	6	5	9
2	1	9	5	6	8	3	7	4
5	6	8	7	3	4	9	1	2
4	7	3	1	9	2	8	6	5
8	2	4	3	5	6	1	9	7
6	5	7	9	2	1	4	8	3
9	3	1	8	4	7	5	2	6

293

1	3	4	6	2	9	7	8	5
6	9	5	8	4	7	2	1	3
8	7	2	1	5	3	9	4	6
9	2	1	4	3	8	6	5	7
4	5	6	2	7	1	8	3	9
7	8	3	5	9	6	1	2	4
2	6	7	3	1	4	5	9	8
5	4	8	9	6	2	3	7	1
3	1	9	7	8	5	4	6	2

294

8	6	5	3	9	4	2	1	7
4	1	2	7	6	5	8	3	9
9	7	3	2	8	1	4	6	5
7	5	1	4	3	2	6	9	8
6	2	8	5	1	9	3	7	4
3	9	4	8	7	6	5	2	1
2	4	6	9	5	7	1	8	3
1	8	9	6	4	3	7	5	2
5	3	7	1	2	8	9	4	6

295

2	1	3	7	6	8	5	9	4
4	8	9	5	2	1	7	6	3
7	5	6	3	9	4	8	2	1
3	6	5	9	8	7	1	4	2
1	9	7	4	3	2	6	8	5
8	2	4	6	1	5	3	7	9
5	7	8	2	4	3	9	1	6
6	3	2	1	7	9	4	5	8
9	4	1	8	5	6	2	3	7

296

5	4	6	1	2	3	8	9	7
7	9	8	6	5	4	1	2	3
1	2	3	9	7	8	4	6	5
3	1	2	5	9	6	7	4	8
4	5	7	3	8	2	6	1	9
8	6	9	7	4	1	5	3	2
9	7	1	2	6	5	3	8	4
2	3	4	8	1	7	9	5	6
6	8	5	4	3	9	2	7	1

297

3	6	1	4	8	2	5	7	9
4	7	9	5	1	6	3	8	2
2	5	8	7	3	9	1	6	4
9	4	7	8	2	5	6	3	1
6	1	3	9	7	4	8	2	5
8	2	5	1	6	3	9	4	7
1	8	4	3	9	7	2	5	6
5	3	2	6	4	1	7	9	8
7	9	6	2	5	8	4	1	3

298

6	2	5	4	9	1	8	7	3
9	1	4	7	3	8	2	5	6
3	8	7	5	6	2	1	4	9
8	4	3	6	2	7	5	9	1
1	5	9	3	8	4	7	6	2
2	7	6	9	1	5	4	3	8
7	3	2	1	5	6	9	8	4
5	6	1	8	4	9	3	2	7
4	9	8	2	7	3	6	1	5

299

3	5	8	6	4	7	1	9	2
1	6	2	9	5	3	7	4	8
4	7	9	8	2	1	5	3	6
2	8	4	3	6	5	9	1	7
7	3	1	2	9	4	8	6	5
6	9	5	7	1	8	3	2	4
9	2	7	1	8	6	4	5	3
5	1	3	4	7	2	6	8	9
8	4	6	5	3	9	2	7	1

300

7	5	1	4	9	8	2	6	3
2	9	8	1	3	6	5	7	4
6	4	3	7	2	5	1	8	9
3	2	7	5	8	9	6	4	1
9	1	4	2	6	7	3	5	8
5	8	6	3	4	1	9	2	7
8	7	5	6	1	3	4	9	2
4	3	9	8	5	2	7	1	6
1	6	2	9	7	4	8	3	5

301

1	6	2	7	4	9	8	3	5
5	7	8	6	2	3	9	1	4
3	4	9	5	8	1	7	6	2
7	8	4	3	6	5	1	2	9
2	5	6	9	1	8	3	4	7
9	3	1	2	7	4	6	5	8
8	2	5	1	9	6	4	7	3
6	9	3	4	5	7	2	8	1
4	1	7	8	3	2	5	9	6

302

8	2	5	4	6	9	1	3	7
6	3	9	1	8	7	2	4	5
7	1	4	2	3	5	8	9	6
1	6	7	9	4	8	3	5	2
3	4	8	5	1	2	7	6	9
9	5	2	6	7	3	4	8	1
4	7	6	8	9	1	5	2	3
5	8	1	3	2	6	9	7	4
2	9	3	7	5	4	6	1	8

303

8	9	4	2	5	6	1	3	7
1	2	7	4	3	9	8	5	6
6	3	5	1	7	8	4	9	2
9	8	1	6	2	3	7	4	5
7	6	2	8	4	5	9	1	3
4	5	3	7	9	1	6	2	8
3	1	6	5	8	4	2	7	9
5	7	8	9	1	2	3	6	4
2	4	9	3	6	7	5	8	1

304

6	3	8	2	1	7	5	9	4
9	2	4	6	5	8	7	1	3
5	1	7	9	3	4	6	2	8
2	7	6	5	4	1	8	3	9
1	8	5	3	9	6	2	4	7
3	4	9	7	8	2	1	6	5
4	5	1	8	6	9	3	7	2
7	9	3	1	2	5	4	8	6
8	6	2	4	7	3	9	5	1

305

9	1	2	3	5	6	8	7	4
7	5	8	2	1	4	6	3	9
3	6	4	7	9	8	2	1	5
6	3	5	9	8	2	7	4	1
8	7	9	1	4	3	5	6	2
2	4	1	5	6	7	9	8	3
1	2	3	8	7	9	4	5	6
5	8	6	4	2	1	3	9	7
4	9	7	6	3	5	1	2	8

306

3	2	5	6	1	7	8	9	4
4	8	1	9	3	5	7	6	2
6	7	9	2	8	4	5	1	3
5	3	7	1	6	9	4	2	8
8	9	2	7	4	3	6	5	1
1	6	4	5	2	8	3	7	9
2	4	6	3	5	1	9	8	7
9	5	3	8	7	2	1	4	6
7	1	8	4	9	6	2	3	5

307

4	3	7	5	2	8	6	9	1
9	1	6	3	7	4	5	2	8
5	2	8	1	6	9	7	3	4
7	9	4	6	3	1	8	5	2
1	5	3	8	4	2	9	6	7
6	8	2	7	9	5	4	1	3
3	6	1	4	5	7	2	8	9
8	4	9	2	1	6	3	7	5
2	7	5	9	8	3	1	4	6

308

5	8	7	1	2	9	6	4	3
6	3	2	7	8	4	5	1	9
9	1	4	5	6	3	8	2	7
4	6	5	3	7	2	9	8	1
1	9	8	4	5	6	3	7	2
7	2	3	9	1	8	4	5	6
3	7	9	2	4	5	1	6	8
2	5	6	8	3	1	7	9	4
8	4	1	6	9	7	2	3	5

309

9	5	8	2	1	4	3	7	6
4	7	3	6	5	9	1	2	8
2	1	6	8	3	7	4	9	5
1	4	7	9	8	3	5	6	2
5	8	2	7	6	1	9	4	3
3	6	9	4	2	5	7	8	1
7	2	1	5	4	6	8	3	9
6	9	5	3	7	8	2	1	4
8	3	4	1	9	2	6	5	7

310

8	1	3	5	9	4	6	7	2
5	4	9	2	7	6	3	1	8
6	7	2	1	3	8	9	5	4
1	5	8	3	4	2	7	6	9
3	9	4	6	8	7	1	2	5
7	2	6	9	1	5	8	4	3
2	3	1	7	5	9	4	8	6
9	8	5	4	6	1	2	3	7
4	6	7	8	2	3	5	9	1

311

7	4	2	5	8	6	1	9	3
1	6	8	7	9	3	5	4	2
5	9	3	4	2	1	8	7	6
3	7	5	1	4	2	9	6	8
2	1	4	8	6	9	3	5	7
6	8	9	3	7	5	4	2	1
8	2	6	9	1	4	7	3	5
4	5	1	2	3	7	6	8	9
9	3	7	6	5	8	2	1	4

312

4	5	8	2	7	3	1	9	6
9	6	2	8	1	4	7	3	5
1	3	7	6	5	9	2	4	8
5	7	6	3	9	2	4	8	1
3	2	4	1	8	6	9	5	7
8	9	1	5	4	7	3	6	2
6	4	9	7	2	5	8	1	3
2	1	3	9	6	8	5	7	4
7	8	5	4	3	1	6	2	9

313

7	6	9	3	8	2	4	5	1
4	5	1	9	7	6	2	3	8
2	3	8	1	4	5	6	9	7
9	7	6	2	3	8	1	4	5
1	4	5	6	9	7	8	2	3
8	2	3	5	1	4	7	6	9
6	9	7	8	2	3	5	1	4
5	1	4	7	6	9	3	8	2
3	8	2	4	5	1	9	7	6

314

1	4	5	3	9	6	2	7	8
8	9	2	4	7	5	3	6	1
6	3	7	2	8	1	4	5	9
9	6	4	8	3	7	5	1	2
3	2	1	5	6	9	7	8	4
5	7	8	1	4	2	6	9	3
7	8	6	9	2	3	1	4	5
4	5	3	7	1	8	9	2	6
2	1	9	6	5	4	8	3	7

315

6	3	5	4	2	8	9	7	1
4	2	7	1	9	3	8	6	5
9	8	1	7	6	5	3	2	4
7	4	6	2	8	1	5	9	3
8	5	9	6	3	4	2	1	7
3	1	2	9	5	7	6	4	8
2	7	8	5	1	6	4	3	9
1	9	3	8	4	2	7	5	6
5	6	4	3	7	9	1	8	2

316

8	3	7	9	1	6	5	2	4
9	4	1	3	2	5	6	7	8
2	6	5	7	8	4	1	9	3
1	7	8	4	6	9	2	3	5
5	2	3	1	7	8	4	6	9
4	9	6	2	5	3	7	8	1
6	1	9	8	4	7	3	5	2
7	8	2	5	3	1	9	4	6
3	5	4	6	9	2	8	1	7

317

8	5	3	1	9	2	7	4	6
2	9	1	6	4	7	8	5	3
7	4	6	3	5	8	2	9	1
5	3	2	7	1	9	4	6	8
4	6	8	2	3	5	9	1	7
9	1	7	8	6	4	5	3	2
6	8	5	9	2	3	1	7	4
3	2	9	4	7	1	6	8	5
1	7	4	5	8	6	3	2	9

318

2	4	8	9	6	5	1	7	3
1	3	9	7	4	8	6	2	5
7	5	6	1	3	2	9	4	8
4	8	2	3	5	1	7	6	9
6	9	5	8	7	4	3	1	2
3	1	7	6	2	9	5	8	4
9	7	4	5	8	6	2	3	1
8	6	1	2	9	3	4	5	7
5	2	3	4	1	7	8	9	6

319

6	2	7	8	1	3	4	9	5
3	1	4	9	7	5	2	6	8
9	5	8	4	2	6	1	3	7
8	6	3	7	5	4	9	2	1
4	9	2	3	8	1	7	5	6
5	7	1	6	9	2	8	4	3
1	8	5	2	3	9	6	7	4
7	4	9	5	6	8	3	1	2
2	3	6	1	4	7	5	8	9

320

8	6	3	1	2	5	4	9	7
1	5	7	9	4	6	3	2	8
9	4	2	8	7	3	1	6	5
7	9	8	6	1	4	2	5	3
2	1	5	7	3	8	9	4	6
4	3	6	5	9	2	7	8	1
6	2	4	3	5	7	8	1	9
3	8	1	2	6	9	5	7	4
5	7	9	4	8	1	6	3	2

321

1	4	8	6	2	5	7	3	9
5	2	6	9	3	7	1	4	8
7	3	9	8	4	1	5	2	6
2	6	1	5	9	3	4	8	7
3	9	5	7	8	4	2	6	1
4	8	7	1	6	2	3	9	5
9	5	2	3	7	8	6	1	4
8	7	3	4	1	6	9	5	2
6	1	4	2	5	9	8	7	3

322

2	6	3	5	7	8	4	9	1
9	7	4	2	3	1	8	5	6
5	8	1	4	6	9	7	2	3
8	1	6	9	5	3	2	7	4
7	3	9	1	4	2	5	6	8
4	5	2	6	8	7	3	1	9
1	9	5	8	2	4	6	3	7
6	4	7	3	9	5	1	8	2
3	2	8	7	1	6	9	4	5

323

6	4	3	1	8	7	2	5	9
8	7	2	5	9	4	6	3	1
5	9	1	6	3	2	7	8	4
9	8	5	7	4	6	3	1	2
3	2	6	8	1	5	9	4	7
7	1	4	3	2	9	8	6	5
2	6	9	4	5	8	1	7	3
1	5	8	2	7	3	4	9	6
4	3	7	9	6	1	5	2	8

324

2	8	9	3	6	4	7	1	5
7	4	3	5	9	1	2	8	6
1	6	5	7	8	2	9	4	3
4	3	8	2	7	6	1	5	9
6	9	7	1	3	5	8	2	4
5	2	1	8	4	9	6	3	7
9	5	2	4	1	7	3	6	8
8	7	4	6	2	3	5	9	1
3	1	6	9	5	8	4	7	2

325

5	6	9	3	2	7	1	8	4
3	7	1	6	4	8	5	9	2
8	2	4	5	9	1	6	3	7
7	5	2	4	8	6	3	1	9
4	3	6	2	1	9	7	5	8
9	1	8	7	5	3	2	4	6
2	8	5	1	7	4	9	6	3
1	4	3	9	6	2	8	7	5
6	9	7	8	3	5	4	2	1

326

1	6	9	5	2	7	4	3	8
8	4	5	9	3	1	7	2	6
3	7	2	8	4	6	9	1	5
2	3	4	1	6	9	8	5	7
9	1	7	2	5	8	6	4	3
5	8	6	3	7	4	2	9	1
7	2	8	4	1	3	5	6	9
6	5	3	7	9	2	1	8	4
4	9	1	6	8	5	3	7	2

327

3	9	7	8	1	6	2	5	4
5	2	8	3	9	4	1	7	6
1	6	4	2	5	7	3	8	9
2	5	6	1	7	9	4	3	8
4	1	3	5	8	2	9	6	7
8	7	9	6	4	3	5	2	1
6	8	5	4	3	1	7	9	2
9	4	2	7	6	5	8	1	3
7	3	1	9	2	8	6	4	5

328

5	2	9	3	7	8	4	1	6
6	3	1	4	5	9	7	8	2
7	4	8	6	2	1	5	3	9
4	7	3	1	9	2	6	5	8
1	6	2	8	4	5	3	9	7
8	9	5	7	3	6	1	2	4
3	5	4	9	8	7	2	6	1
9	1	7	2	6	3	8	4	5
2	8	6	5	1	4	9	7	3

329

9	8	5	3	6	4	2	1	7
6	4	7	1	2	5	3	9	8
1	3	2	9	8	7	5	4	6
7	6	8	4	5	1	9	2	3
3	2	1	7	9	8	6	5	4
4	5	9	2	3	6	7	8	1
2	1	4	6	7	9	8	3	5
5	7	3	8	4	2	1	6	9
8	9	6	5	1	3	4	7	2

330

6	7	4	9	3	5	8	1	2
9	1	8	2	7	4	3	5	6
2	3	5	8	6	1	4	9	7
1	2	7	5	9	8	6	4	3
8	5	3	4	2	6	1	7	9
4	9	6	3	1	7	5	2	8
5	4	2	6	8	9	7	3	1
3	6	1	7	4	2	9	8	5
7	8	9	1	5	3	2	6	4

331

9	4	2	1	3	5	6	7	8
8	7	3	6	9	4	2	5	1
6	5	1	2	8	7	9	3	4
2	3	6	9	4	8	7	1	5
7	1	8	5	2	6	4	9	3
5	9	4	3	7	1	8	6	2
1	6	7	8	5	2	3	4	9
4	2	9	7	1	3	5	8	6
3	8	5	4	6	9	1	2	7

332

7	1	6	9	8	2	4	3	5
5	4	9	3	6	7	8	1	2
8	2	3	4	5	1	6	7	9
1	8	7	2	4	5	3	9	6
3	6	2	7	1	9	5	4	8
9	5	4	8	3	6	1	2	7
6	9	8	1	2	4	7	5	3
2	3	1	5	7	8	9	6	4
4	7	5	6	9	3	2	8	1

333

5	8	9	1	3	4	7	6	2
6	4	3	7	2	9	8	1	5
1	2	7	8	5	6	9	3	4
3	6	2	5	1	8	4	7	9
4	7	8	6	9	3	2	5	1
9	1	5	2	4	7	3	8	6
2	3	6	9	7	1	5	4	8
7	9	1	4	8	5	6	2	3
8	5	4	3	6	2	1	9	7

334

1	4	2	9	3	7	5	6	8
9	7	5	6	8	1	2	4	3
6	8	3	2	4	5	7	9	1
5	1	6	4	7	9	3	8	2
3	9	7	8	6	2	1	5	4
8	2	4	1	5	3	6	7	9
7	5	1	3	9	4	8	2	6
4	3	8	7	2	6	9	1	5
2	6	9	5	1	8	4	3	7

335

7	4	1	8	9	3	2	6	5
2	8	9	5	4	6	7	1	3
3	5	6	7	2	1	4	9	8
1	2	8	6	3	9	5	7	4
6	3	5	4	1	7	9	8	2
4	9	7	2	5	8	6	3	1
9	1	2	3	6	4	8	5	7
5	7	3	9	8	2	1	4	6
8	6	4	1	7	5	3	2	9

336

2	7	3	4	9	5	8	1	6
6	9	4	3	1	8	7	5	2
1	5	8	7	6	2	9	3	4
9	2	7	1	4	6	5	8	3
3	8	1	5	2	7	6	4	9
5	4	6	8	3	9	1	2	7
7	6	5	2	8	4	3	9	1
4	1	9	6	5	3	2	7	8
8	3	2	9	7	1	4	6	5

337

8	7	1	5	9	6	3	2	4
4	5	2	3	7	1	8	9	6
6	3	9	2	4	8	7	5	1
1	4	8	7	5	9	6	3	2
3	2	5	6	1	4	9	8	7
9	6	7	8	2	3	1	4	5
5	1	6	9	8	2	4	7	3
7	9	4	1	3	5	2	6	8
2	8	3	4	6	7	5	1	9

338

1	9	6	4	3	7	2	5	8
5	8	2	9	6	1	4	3	7
4	3	7	8	2	5	6	9	1
6	5	1	2	9	8	7	4	3
8	4	9	7	1	3	5	2	6
2	7	3	6	5	4	1	8	9
9	2	8	1	4	6	3	7	5
7	1	5	3	8	2	9	6	4
3	6	4	5	7	9	8	1	2

339

2	3	4	5	9	1	7	6	8
8	9	7	4	6	3	1	5	2
6	1	5	7	8	2	9	4	3
4	6	3	2	5	7	8	9	1
5	8	9	1	3	6	2	7	4
7	2	1	8	4	9	5	3	6
1	5	2	6	7	4	3	8	9
9	4	8	3	1	5	6	2	7
3	7	6	9	2	8	4	1	5

340

8	2	9	1	7	4	6	3	5
3	5	6	8	2	9	4	7	1
1	7	4	5	6	3	8	2	9
7	1	8	9	4	2	3	5	6
9	4	3	6	1	5	2	8	7
2	6	5	3	8	7	9	1	4
6	3	7	4	5	8	1	9	2
4	9	2	7	3	1	5	6	8
5	8	1	2	9	6	7	4	3

341

1	8	7	2	9	4	6	5	3
6	5	2	1	7	3	4	8	9
9	4	3	8	6	5	1	7	2
8	1	5	4	3	9	2	6	7
3	6	9	7	8	2	5	4	1
2	7	4	5	1	6	3	9	8
7	2	6	9	4	1	8	3	5
5	3	8	6	2	7	9	1	4
4	9	1	3	5	8	7	2	6

342

9	8	7	1	5	2	6	3	4
1	4	3	6	8	7	9	5	2
5	6	2	4	3	9	1	7	8
2	3	5	7	6	4	8	9	1
4	1	8	2	9	5	7	6	3
7	9	6	8	1	3	4	2	5
6	5	4	9	2	8	3	1	7
3	7	9	5	4	1	2	8	6
8	2	1	3	7	6	5	4	9

343

3	2	7	1	5	4	8	6	9
9	5	4	8	6	2	1	3	7
8	1	6	9	7	3	5	4	2
7	9	2	3	1	8	6	5	4
5	8	1	4	2	6	9	7	3
6	4	3	5	9	7	2	8	1
2	7	8	6	4	1	3	9	5
4	6	9	2	3	5	7	1	8
1	3	5	7	8	9	4	2	6

344

6	5	1	8	7	4	3	9	2
8	4	3	2	9	5	6	7	1
9	7	2	3	6	1	4	5	8
3	1	7	9	2	8	5	4	6
2	9	4	5	1	6	8	3	7
5	8	6	4	3	7	2	1	9
4	6	8	1	5	9	7	2	3
1	2	5	7	8	3	9	6	4
7	3	9	6	4	2	1	8	5

345

1	8	3	5	4	9	7	6	2
2	4	7	8	6	3	5	9	1
6	5	9	1	2	7	4	3	8
3	6	8	7	9	1	2	4	5
9	2	4	6	8	5	1	7	3
7	1	5	4	3	2	9	8	6
5	9	1	3	7	6	8	2	4
4	3	2	9	5	8	6	1	7
8	7	6	2	1	4	3	5	9

346

1	6	9	5	3	2	8	4	7
2	8	7	6	9	4	3	1	5
3	5	4	1	8	7	6	2	9
5	3	8	7	4	6	1	9	2
7	9	2	3	1	5	4	6	8
6	4	1	8	2	9	5	7	3
4	7	3	9	5	1	2	8	6
8	1	6	2	7	3	9	5	4
9	2	5	4	6	8	7	3	1

347

8	2	6	4	5	1	9	7	3
9	5	1	2	7	3	4	6	8
3	4	7	6	8	9	5	2	1
1	8	9	5	2	7	3	4	6
4	6	2	3	1	8	7	9	5
7	3	5	9	6	4	1	8	2
2	1	3	7	9	6	8	5	4
6	9	4	8	3	5	2	1	7
5	7	8	1	4	2	6	3	9

348

8	3	2	5	9	4	1	7	6
6	5	4	1	3	7	2	9	8
9	1	7	6	8	2	3	4	5
4	9	5	2	7	6	8	3	1
7	8	3	9	5	1	6	2	4
2	6	1	3	4	8	7	5	9
1	7	6	4	2	9	5	8	3
5	2	9	8	6	3	4	1	7
3	4	8	7	1	5	9	6	2

349

1	5	4	2	7	8	6	9	3
6	8	7	3	9	5	1	4	2
2	9	3	6	1	4	5	8	7
8	7	1	5	3	6	4	2	9
3	6	2	8	4	9	7	1	5
9	4	5	1	2	7	8	3	6
7	1	9	4	6	2	3	5	8
4	2	8	7	5	3	9	6	1
5	3	6	9	8	1	2	7	4

350

2	3	7	9	4	8	6	5	1
1	5	4	6	7	3	8	9	2
9	8	6	2	5	1	3	7	4
4	7	1	8	9	5	2	6	3
6	2	5	1	3	7	4	8	9
3	9	8	4	2	6	7	1	5
7	1	3	5	8	4	9	2	6
8	6	2	3	1	9	5	4	7
5	4	9	7	6	2	1	3	8

351

2	9	8	3	6	4	5	1	7
6	7	5	1	9	8	3	4	2
1	4	3	2	7	5	9	8	6
4	2	7	8	1	3	6	5	9
3	8	9	5	2	6	4	7	1
5	1	6	9	4	7	8	2	3
9	6	4	7	5	2	1	3	8
7	3	1	4	8	9	2	6	5
8	5	2	6	3	1	7	9	4

352

6	2	8	7	9	4	5	3	1
5	3	9	1	8	6	7	4	2
4	7	1	2	5	3	8	9	6
3	1	5	4	2	8	9	6	7
7	8	2	9	6	5	4	1	3
9	6	4	3	1	7	2	8	5
1	4	3	8	7	2	6	5	9
8	5	7	6	3	9	1	2	4
2	9	6	5	4	1	3	7	8

353

6	7	1	2	4	8	9	5	3
2	5	8	7	9	3	4	6	1
3	9	4	1	6	5	8	2	7
5	3	7	9	1	4	6	8	2
4	1	6	5	8	2	7	3	9
9	8	2	3	7	6	5	1	4
1	4	5	6	2	9	3	7	8
8	2	3	4	5	7	1	9	6
7	6	9	8	3	1	2	4	5

354

8	4	3	1	2	7	6	5	9
7	9	2	8	5	6	3	4	1
5	1	6	3	4	9	7	2	8
3	8	1	7	9	5	2	6	4
2	6	7	4	8	1	5	9	3
9	5	4	2	6	3	1	8	7
6	7	8	5	3	4	9	1	2
1	2	5	9	7	8	4	3	6
4	3	9	6	1	2	8	7	5

355

8	9	3	7	1	2	4	6	5
5	7	1	4	6	3	2	8	9
4	2	6	9	8	5	7	1	3
6	5	7	2	3	4	8	9	1
3	8	4	1	9	6	5	7	2
9	1	2	8	5	7	6	3	4
2	3	8	5	7	9	1	4	6
1	4	9	6	2	8	3	5	7
7	6	5	3	4	1	9	2	8

356

1	8	6	3	2	7	4	9	5
5	3	4	9	1	8	2	6	7
7	2	9	5	4	6	1	3	8
9	5	3	8	6	2	7	4	1
8	1	7	4	3	9	6	5	2
4	6	2	1	7	5	3	8	9
3	7	8	2	5	4	9	1	6
6	4	5	7	9	1	8	2	3
2	9	1	6	8	3	5	7	4

357

2	9	3	6	7	1	8	5	4
8	1	7	5	4	9	6	2	3
6	4	5	3	2	8	9	7	1
3	7	2	1	9	5	4	6	8
1	8	4	2	6	3	5	9	7
5	6	9	7	8	4	1	3	2
4	3	8	9	5	7	2	1	6
7	5	6	8	1	2	3	4	9
9	2	1	4	3	6	7	8	5

358

7	4	5	8	2	6	3	1	9
1	3	6	7	9	4	5	8	2
9	8	2	5	3	1	4	6	7
4	2	7	3	6	8	1	9	5
3	9	1	4	7	5	8	2	6
6	5	8	9	1	2	7	4	3
5	1	9	2	4	3	6	7	8
2	6	3	1	8	7	9	5	4
8	7	4	6	5	9	2	3	1

359

8	2	1	6	5	9	7	3	4
5	4	9	2	7	3	6	8	1
6	3	7	1	4	8	5	2	9
2	6	4	3	8	1	9	5	7
9	5	3	4	2	7	8	1	6
7	1	8	5	9	6	3	4	2
1	8	2	7	6	5	4	9	3
4	7	5	9	3	2	1	6	8
3	9	6	8	1	4	2	7	5

360

6	1	8	9	2	7	4	5	3
3	7	9	5	4	1	6	2	8
2	5	4	8	6	3	7	1	9
5	2	6	4	7	9	3	8	1
4	3	1	6	8	5	9	7	2
9	8	7	3	1	2	5	4	6
1	9	3	7	5	8	2	6	4
8	6	5	2	9	4	1	3	7
7	4	2	1	3	6	8	9	5

361

7	1	4	3	8	9	6	5	2
6	5	8	7	4	2	1	3	9
9	2	3	1	6	5	7	8	4
5	7	2	9	1	3	8	4	6
1	8	6	5	2	4	3	9	7
4	3	9	6	7	8	5	2	1
2	9	1	8	3	6	4	7	5
8	4	7	2	5	1	9	6	3
3	6	5	4	9	7	2	1	8

362

8	5	7	6	4	1	9	3	2
4	6	3	9	7	2	1	8	5
2	9	1	5	8	3	6	4	7
3	1	4	7	5	9	8	2	6
9	7	2	8	3	6	5	1	4
6	8	5	2	1	4	7	9	3
5	4	9	1	2	7	3	6	8
1	3	8	4	6	5	2	7	9
7	2	6	3	9	8	4	5	1

363

2	9	5	8	7	3	6	1	4
8	4	1	9	6	2	5	7	3
7	3	6	4	1	5	2	9	8
4	1	3	2	8	6	9	5	7
9	6	8	5	3	7	1	4	2
5	7	2	1	4	9	3	8	6
1	2	7	6	9	8	4	3	5
3	5	9	7	2	4	8	6	1
6	8	4	3	5	1	7	2	9

364

4	6	3	1	9	5	2	7	8
9	1	7	2	8	4	3	5	6
5	8	2	7	3	6	1	9	4
3	7	1	8	4	9	6	2	5
6	4	5	3	1	2	9	8	7
2	9	8	5	6	7	4	1	3
1	2	4	6	7	8	5	3	9
7	5	6	9	2	3	8	4	1
8	3	9	4	5	1	7	6	2

365

7	1	3	6	9	5	4	8	2
4	5	9	2	8	1	7	6	3
6	2	8	3	7	4	5	1	9
1	8	6	5	4	2	9	3	7
5	7	4	9	6	3	1	2	8
3	9	2	8	1	7	6	4	5
2	4	7	1	5	8	3	9	6
8	6	5	4	3	9	2	7	1
9	3	1	7	2	6	8	5	4

366

5	7	4	3	2	8	1	9	6
1	6	3	9	5	7	8	4	2
9	8	2	1	6	4	5	3	7
6	2	8	7	9	1	3	5	4
3	5	1	8	4	2	6	7	9
4	9	7	5	3	6	2	1	8
2	1	9	4	8	5	7	6	3
7	4	6	2	1	3	9	8	5
8	3	5	6	7	9	4	2	1

367

6	2	7	4	3	9	8	5	1
8	1	3	5	7	2	9	4	6
9	4	5	8	6	1	7	2	3
2	9	1	7	4	3	5	6	8
4	7	8	6	1	5	3	9	2
5	3	6	2	9	8	1	7	4
7	8	4	1	5	6	2	3	9
1	5	9	3	2	4	6	8	7
3	6	2	9	8	7	4	1	5

368

7	9	6	2	8	4	1	3	5
5	4	2	1	3	9	7	8	6
1	8	3	5	6	7	2	9	4
6	2	9	4	5	8	3	7	1
4	3	1	9	7	6	8	5	2
8	7	5	3	1	2	6	4	9
2	6	4	7	9	3	5	1	8
9	1	7	8	2	5	4	6	3
3	5	8	6	4	1	9	2	7

369

7	5	6	8	4	3	2	9	1
8	3	2	9	1	5	7	6	4
1	9	4	6	2	7	8	3	5
5	2	7	4	3	1	9	8	6
4	8	9	5	6	2	3	1	7
6	1	3	7	8	9	5	4	2
9	4	8	2	5	6	1	7	3
2	7	1	3	9	4	6	5	8
3	6	5	1	7	8	4	2	9

370

2	9	8	6	5	3	7	1	4
5	7	6	4	2	1	8	9	3
4	3	1	9	7	8	5	6	2
7	1	4	3	6	5	2	8	9
8	5	9	2	4	7	6	3	1
6	2	3	1	8	9	4	5	7
1	8	2	7	9	6	3	4	5
9	6	7	5	3	4	1	2	8
3	4	5	8	1	2	9	7	6

371

1	8	5	3	6	7	4	9	2
2	3	4	1	9	5	7	8	6
7	6	9	8	2	4	5	1	3
5	4	1	6	7	2	9	3	8
9	7	6	5	8	3	1	2	4
8	2	3	9	4	1	6	7	5
6	9	7	2	5	8	3	4	1
4	1	8	7	3	6	2	5	9
3	5	2	4	1	9	8	6	7

372

9	7	1	5	6	8	4	2	3
4	8	3	7	2	1	6	9	5
6	5	2	3	4	9	1	8	7
1	4	5	2	3	7	9	6	8
8	3	6	4	9	5	7	1	2
7	2	9	1	8	6	5	3	4
5	9	4	8	1	2	3	7	6
2	1	7	6	5	3	8	4	9
3	6	8	9	7	4	2	5	1

373

2	8	3	7	6	5	9	4	1
5	6	9	2	4	1	8	7	3
1	7	4	3	9	8	2	6	5
9	1	6	8	3	2	4	5	7
3	2	5	4	1	7	6	9	8
7	4	8	9	5	6	3	1	2
6	3	1	5	8	9	7	2	4
8	9	7	1	2	4	5	3	6
4	5	2	6	7	3	1	8	9

374

4	6	3	9	1	5	8	7	2
1	2	7	3	8	6	4	5	9
9	8	5	7	2	4	3	6	1
8	9	2	5	6	3	1	4	7
5	7	4	1	9	8	2	3	6
3	1	6	4	7	2	5	9	8
7	3	8	6	5	1	9	2	4
2	4	9	8	3	7	6	1	5
6	5	1	2	4	9	7	8	3

375

2	5	1	3	7	9	4	8	6
3	7	8	4	5	6	1	2	9
6	4	9	8	2	1	5	3	7
1	9	3	6	8	4	7	5	2
8	2	5	1	9	7	6	4	3
7	6	4	2	3	5	9	1	8
9	8	6	5	4	2	3	7	1
4	1	2	7	6	3	8	9	5
5	3	7	9	1	8	2	6	4

376

9	7	4	2	8	6	1	5	3
2	1	8	5	3	4	9	7	6
3	5	6	7	1	9	4	2	8
4	6	3	9	5	1	2	8	7
1	8	2	6	4	7	3	9	5
7	9	5	3	2	8	6	1	4
5	4	9	8	6	2	7	3	1
8	2	1	4	7	3	5	6	9
6	3	7	1	9	5	8	4	2

377

1	9	2	3	5	7	6	4	8
7	6	8	9	4	2	3	5	1
5	4	3	1	8	6	7	9	2
3	7	1	4	6	5	2	8	9
6	8	4	2	9	1	5	7	3
9	2	5	8	7	3	4	1	6
4	1	6	5	2	8	9	3	7
8	5	7	6	3	9	1	2	4
2	3	9	7	1	4	8	6	5

378

5	6	1	4	9	8	2	3	7
7	9	2	5	3	6	4	8	1
8	3	4	1	7	2	6	5	9
6	4	7	2	8	5	9	1	3
9	2	8	3	6	1	7	4	5
1	5	3	7	4	9	8	2	6
3	7	5	9	2	4	1	6	8
2	8	9	6	1	3	5	7	4
4	1	6	8	5	7	3	9	2

379

1	7	4	6	3	9	8	2	5
2	8	5	7	1	4	9	3	6
3	9	6	8	2	5	4	1	7
4	6	7	2	8	3	5	9	1
9	2	1	5	4	6	7	8	3
5	3	8	1	9	7	2	6	4
6	4	2	9	7	1	3	5	8
8	1	3	4	5	2	6	7	9
7	5	9	3	6	8	1	4	2

380

7	2	6	3	5	8	9	4	1
5	8	9	4	7	1	3	6	2
1	3	4	6	9	2	8	7	5
8	6	2	5	1	9	7	3	4
9	7	3	2	4	6	5	1	8
4	1	5	8	3	7	2	9	6
3	5	1	7	8	4	6	2	9
2	4	7	9	6	5	1	8	3
6	9	8	1	2	3	4	5	7

381

6	4	5	2	8	9	1	3	7
1	9	3	6	7	5	4	8	2
2	8	7	1	4	3	6	9	5
5	2	9	8	1	7	3	4	6
7	6	8	5	3	4	2	1	9
3	1	4	9	6	2	7	5	8
8	7	1	3	5	6	9	2	4
4	3	2	7	9	8	5	6	1
9	5	6	4	2	1	8	7	3

382

2	6	1	7	4	8	5	3	9
9	8	4	1	5	3	6	7	2
5	7	3	9	6	2	8	1	4
4	9	6	3	8	7	2	5	1
3	5	7	2	1	6	4	9	8
1	2	8	4	9	5	3	6	7
6	4	2	5	7	9	1	8	3
7	3	5	8	2	1	9	4	6
8	1	9	6	3	4	7	2	5

383

4	3	6	2	9	7	1	8	5
2	9	8	6	1	5	7	4	3
7	5	1	8	4	3	6	9	2
6	2	3	9	7	1	8	5	4
1	7	5	4	3	8	9	2	6
9	8	4	5	6	2	3	7	1
5	1	2	3	8	9	4	6	7
8	6	7	1	2	4	5	3	9
3	4	9	7	5	6	2	1	8

384

9	4	5	6	2	8	1	3	7
7	3	8	9	4	1	6	5	2
6	2	1	5	3	7	4	8	9
8	1	6	7	9	2	5	4	3
4	5	7	8	1	3	2	9	6
2	9	3	4	5	6	7	1	8
5	8	2	3	7	4	9	6	1
3	7	9	1	6	5	8	2	4
1	6	4	2	8	9	3	7	5

385

5	8	2	4	3	6	1	7	9
6	7	9	1	5	2	8	3	4
4	1	3	9	7	8	5	2	6
3	5	8	7	1	9	4	6	2
9	2	4	8	6	5	7	1	3
7	6	1	3	2	4	9	8	5
8	3	5	6	4	1	2	9	7
2	9	7	5	8	3	6	4	1
1	4	6	2	9	7	3	5	8

386

2	7	5	4	9	8	6	3	1
4	8	1	2	6	3	7	9	5
9	3	6	1	5	7	4	8	2
7	5	8	9	3	4	2	1	6
6	4	3	8	2	1	9	5	7
1	9	2	5	7	6	8	4	3
5	2	7	3	4	9	1	6	8
3	1	4	6	8	2	5	7	9
8	6	9	7	1	5	3	2	4

387

5	1	4	2	7	3	8	9	6
6	8	3	9	5	4	1	2	7
9	2	7	6	1	8	5	3	4
3	9	2	1	4	7	6	8	5
4	6	8	5	9	2	7	1	3
7	5	1	8	3	6	9	4	2
1	3	9	4	6	5	2	7	8
8	7	6	3	2	9	4	5	1
2	4	5	7	8	1	3	6	9

388

9	3	7	6	1	4	8	5	2
1	6	8	9	5	2	7	4	3
5	2	4	8	7	3	9	6	1
3	5	9	1	4	7	2	8	6
6	8	1	5	2	9	3	7	4
4	7	2	3	8	6	5	1	9
2	1	3	7	6	5	4	9	8
8	4	5	2	9	1	6	3	7
7	9	6	4	3	8	1	2	5

389

9	1	3	5	2	8	4	6	7
5	4	6	3	7	9	1	2	8
8	2	7	1	4	6	9	3	5
4	6	2	8	9	3	5	7	1
3	9	1	7	5	2	6	8	4
7	8	5	4	6	1	2	9	3
2	5	4	9	3	7	8	1	6
6	7	8	2	1	4	3	5	9
1	3	9	6	8	5	7	4	2

390

2	6	7	9	8	4	3	1	5
9	4	3	2	1	5	6	8	7
5	1	8	6	3	7	4	2	9
1	7	9	5	4	6	2	3	8
4	8	5	3	7	2	9	6	1
3	2	6	1	9	8	5	7	4
8	5	4	7	2	3	1	9	6
6	3	1	8	5	9	7	4	2
7	9	2	4	6	1	8	5	3

391

2	6	8	4	5	9	7	3	1
7	5	9	1	3	2	4	6	8
4	3	1	8	6	7	9	5	2
6	4	5	7	8	1	3	2	9
8	9	7	2	4	3	6	1	5
3	1	2	5	9	6	8	4	7
1	8	4	6	7	5	2	9	3
9	2	6	3	1	8	5	7	4
5	7	3	9	2	4	1	8	6

392

6	9	7	5	4	8	3	1	2
8	3	5	2	1	7	9	6	4
1	4	2	9	3	6	7	8	5
7	8	6	3	5	2	4	9	1
2	1	3	4	6	9	8	5	7
9	5	4	8	7	1	6	2	3
5	2	9	7	8	4	1	3	6
3	7	1	6	9	5	2	4	8
4	6	8	1	2	3	5	7	9

393

6	1	2	8	4	5	7	9	3
9	7	4	2	3	1	5	6	8
8	5	3	6	9	7	2	4	1
2	8	9	1	5	6	3	7	4
7	4	5	3	8	2	6	1	9
3	6	1	9	7	4	8	5	2
4	3	6	7	2	9	1	8	5
1	9	8	5	6	3	4	2	7
5	2	7	4	1	8	9	3	6

394

1	7	5	2	4	3	9	6	8
9	3	4	1	8	6	5	2	7
8	2	6	5	7	9	4	3	1
2	1	9	8	5	4	6	7	3
7	5	3	6	1	2	8	9	4
4	6	8	9	3	7	2	1	5
3	9	7	4	2	5	1	8	6
5	8	2	7	6	1	3	4	9
6	4	1	3	9	8	7	5	2

395

6	9	7	3	4	1	2	5	8
5	3	1	2	8	6	9	4	7
2	8	4	5	7	9	3	1	6
3	6	8	7	9	5	1	2	4
1	2	9	4	6	8	7	3	5
4	7	5	1	2	3	8	6	9
9	1	2	8	5	4	6	7	3
8	5	3	6	1	7	4	9	2
7	4	6	9	3	2	5	8	1

396

6	1	8	3	5	9	7	2	4
9	7	2	4	8	6	1	3	5
4	5	3	7	1	2	9	6	8
2	8	4	9	3	5	6	7	1
7	3	6	8	4	1	2	5	9
1	9	5	2	6	7	4	8	3
5	4	1	6	2	3	8	9	7
8	2	9	5	7	4	3	1	6
3	6	7	1	9	8	5	4	2

397

3	5	6	4	7	9	1	8	2
7	2	9	1	6	8	5	4	3
8	4	1	3	5	2	6	7	9
5	1	8	7	2	3	4	9	6
6	9	7	8	1	4	2	3	5
4	3	2	6	9	5	7	1	8
1	8	3	2	4	6	9	5	7
2	7	5	9	3	1	8	6	4
9	6	4	5	8	7	3	2	1

398

7	1	8	3	6	4	5	2	9
5	4	3	8	2	9	6	1	7
2	6	9	7	5	1	8	3	4
6	5	2	9	1	8	7	4	3
9	7	4	2	3	5	1	8	6
3	8	1	4	7	6	9	5	2
4	2	5	6	8	7	3	9	1
8	9	6	1	4	3	2	7	5
1	3	7	5	9	2	4	6	8

399

6	8	1	2	5	9	3	7	4
3	9	5	4	8	7	2	6	1
7	4	2	1	3	6	5	9	8
1	7	3	8	6	5	9	4	2
9	2	6	3	1	4	7	8	5
8	5	4	9	7	2	6	1	3
2	3	9	7	4	1	8	5	6
4	6	7	5	2	8	1	3	9
5	1	8	6	9	3	4	2	7

400

1	6	3	2	9	7	8	4	5
2	4	5	8	1	6	9	3	7
9	7	8	5	3	4	2	6	1
8	3	2	9	7	1	6	5	4
6	5	1	4	8	2	7	9	3
4	9	7	3	6	5	1	2	8
3	1	4	7	2	9	5	8	6
5	2	6	1	4	8	3	7	9
7	8	9	6	5	3	4	1	2

401

6	3	4	5	8	7	2	1	9
5	9	1	2	3	4	8	7	6
7	8	2	1	9	6	4	3	5
2	1	3	6	7	5	9	8	4
9	5	6	3	4	8	1	2	7
4	7	8	9	1	2	6	5	3
3	6	9	8	5	1	7	4	2
8	2	7	4	6	3	5	9	1
1	4	5	7	2	9	3	6	8

402

1	4	9	3	5	6	7	8	2
2	8	6	9	7	4	5	1	3
5	3	7	8	1	2	9	6	4
7	2	8	6	3	5	1	4	9
3	6	4	7	9	1	2	5	8
9	5	1	4	2	8	3	7	6
6	9	5	1	8	3	4	2	7
4	7	2	5	6	9	8	3	1
8	1	3	2	4	7	6	9	5

403

8	3	2	4	9	6	5	1	7
4	9	5	3	1	7	6	2	8
1	6	7	5	2	8	3	9	4
9	2	6	1	8	4	7	5	3
7	8	1	9	5	3	4	6	2
3	5	4	7	6	2	9	8	1
2	1	3	6	7	5	8	4	9
6	4	9	8	3	1	2	7	5
5	7	8	2	4	9	1	3	6

404

8	9	6	3	4	5	2	7	1
5	4	2	1	7	9	6	3	8
3	7	1	6	8	2	4	9	5
1	6	4	8	5	7	9	2	3
7	8	3	2	9	1	5	4	6
2	5	9	4	6	3	1	8	7
4	2	5	7	3	6	8	1	9
6	3	8	9	1	4	7	5	2
9	1	7	5	2	8	3	6	4

405

7	1	4	6	5	8	2	3	9
2	6	5	7	9	3	8	4	1
8	3	9	2	4	1	5	6	7
1	2	7	4	3	6	9	5	8
6	9	8	5	7	2	3	1	4
5	4	3	1	8	9	7	2	6
9	7	1	3	2	4	6	8	5
3	5	6	8	1	7	4	9	2
4	8	2	9	6	5	1	7	3

406

8	2	7	3	9	4	1	6	5
6	4	9	5	1	2	7	8	3
1	3	5	8	6	7	2	4	9
7	8	1	9	5	6	3	2	4
9	6	3	4	2	1	5	7	8
2	5	4	7	3	8	9	1	6
4	9	8	1	7	5	6	3	2
5	1	6	2	4	3	8	9	7
3	7	2	6	8	9	4	5	1

407

6	7	3	5	2	4	1	8	9
5	1	9	6	3	8	2	7	4
4	8	2	7	9	1	6	3	5
2	5	6	8	1	7	9	4	3
8	3	7	2	4	9	5	1	6
9	4	1	3	6	5	7	2	8
7	6	4	1	5	3	8	9	2
3	2	8	9	7	6	4	5	1
1	9	5	4	8	2	3	6	7

408

2	4	3	6	5	9	1	7	8
6	8	7	1	3	2	5	4	9
9	5	1	8	4	7	3	6	2
1	7	5	4	2	3	9	8	6
8	2	6	5	9	1	4	3	7
4	3	9	7	8	6	2	5	1
3	9	8	2	7	4	6	1	5
5	6	2	3	1	8	7	9	4
7	1	4	9	6	5	8	2	3

409

1	9	2	3	6	7	5	8	4
5	4	3	8	1	9	2	6	7
6	8	7	2	4	5	1	9	3
9	3	6	7	5	2	8	4	1
4	5	8	9	3	1	6	7	2
7	2	1	4	8	6	9	3	5
2	6	9	1	7	4	3	5	8
3	7	5	6	2	8	4	1	9
8	1	4	5	9	3	7	2	6

410

7	8	1	5	3	9	4	2	6
4	6	5	2	8	1	3	7	9
3	2	9	7	4	6	8	1	5
9	4	2	6	7	5	1	3	8
6	7	8	4	1	3	9	5	2
5	1	3	9	2	8	7	6	4
1	3	6	8	5	4	2	9	7
8	5	7	1	9	2	6	4	3
2	9	4	3	6	7	5	8	1

411

4	6	7	3	5	2	9	1	8
8	2	3	1	7	9	6	4	5
9	5	1	4	6	8	3	2	7
6	7	5	8	3	4	1	9	2
1	4	2	5	9	6	8	7	3
3	9	8	7	2	1	5	6	4
7	8	4	9	1	3	2	5	6
2	3	9	6	4	5	7	8	1
5	1	6	2	8	7	4	3	9

412

8	1	3	4	6	2	7	9	5
6	4	9	1	5	7	2	3	8
2	5	7	3	9	8	1	6	4
5	9	6	8	1	3	4	2	7
4	3	8	7	2	6	9	5	1
1	7	2	5	4	9	3	8	6
9	2	1	6	8	4	5	7	3
7	6	4	9	3	5	8	1	2
3	8	5	2	7	1	6	4	9

413

4	7	6	5	1	2	8	3	9
9	3	5	7	8	4	2	1	6
1	2	8	6	3	9	7	4	5
5	8	9	1	6	7	4	2	3
3	6	2	4	9	8	5	7	1
7	1	4	3	2	5	6	9	8
8	9	1	2	4	6	3	5	7
2	5	3	8	7	1	9	6	4
6	4	7	9	5	3	1	8	2

414

1	3	7	4	5	6	2	9	8
2	9	6	3	8	1	5	4	7
5	4	8	7	2	9	6	1	3
6	2	9	5	7	8	4	3	1
4	7	1	6	3	2	8	5	9
8	5	3	1	9	4	7	2	6
7	6	2	9	4	3	1	8	5
3	1	4	8	6	5	9	7	2
9	8	5	2	1	7	3	6	4

415

8	1	5	3	6	4	9	7	2
2	9	4	5	7	8	6	1	3
6	7	3	2	1	9	4	5	8
7	5	6	8	4	2	3	9	1
9	8	1	6	5	3	7	2	4
4	3	2	7	9	1	8	6	5
1	6	7	4	8	5	2	3	9
5	2	8	9	3	6	1	4	7
3	4	9	1	2	7	5	8	6

416

5	2	8	1	9	6	7	3	4
7	6	9	3	8	4	5	2	1
3	4	1	2	7	5	8	9	6
2	7	4	5	6	9	1	8	3
6	1	5	4	3	8	2	7	9
9	8	3	7	1	2	6	4	5
4	3	2	6	5	7	9	1	8
8	5	7	9	4	1	3	6	2
1	9	6	8	2	3	4	5	7

417

2	1	4	3	7	5	9	8	6
9	3	8	6	4	2	1	7	5
6	7	5	8	9	1	3	4	2
4	9	3	5	1	7	2	6	8
5	8	2	9	6	3	7	1	4
7	6	1	2	8	4	5	3	9
8	5	7	4	3	9	6	2	1
1	2	6	7	5	8	4	9	3
3	4	9	1	2	6	8	5	7

418

2	7	5	3	4	8	1	9	6
3	4	1	9	6	7	8	2	5
9	6	8	2	5	1	3	4	7
6	1	7	5	3	2	4	8	9
5	8	2	4	1	9	6	7	3
4	3	9	7	8	6	2	5	1
1	5	4	8	7	3	9	6	2
8	9	3	6	2	5	7	1	4
7	2	6	1	9	4	5	3	8

419

3	8	7	2	5	6	9	1	4
5	2	6	1	4	9	3	8	7
4	9	1	3	8	7	6	2	5
6	1	2	5	9	3	4	7	8
9	4	5	7	6	8	1	3	2
7	3	8	4	2	1	5	9	6
1	6	4	9	7	2	8	5	3
8	7	9	6	3	5	2	4	1
2	5	3	8	1	4	7	6	9

420

7	3	8	4	5	9	1	2	6
5	9	4	1	2	6	7	3	8
6	2	1	7	3	8	9	4	5
8	1	6	9	7	2	3	5	4
3	7	2	5	1	4	8	6	9
9	4	5	8	6	3	2	1	7
4	5	7	2	9	1	6	8	3
2	6	9	3	8	5	4	7	1
1	8	3	6	4	7	5	9	2

421

1	6	4	7	2	8	5	3	9
7	2	8	3	9	5	1	6	4
9	5	3	1	6	4	8	2	7
5	9	6	2	4	3	7	8	1
3	7	1	5	8	9	2	4	6
4	8	2	6	7	1	9	5	3
6	1	7	8	3	2	4	9	5
2	3	9	4	5	7	6	1	8
8	4	5	9	1	6	3	7	2

422

9	8	6	3	7	5	4	2	1
2	7	4	1	9	6	5	3	8
1	5	3	8	4	2	6	7	9
5	2	7	9	1	8	3	4	6
4	6	9	5	2	3	8	1	7
3	1	8	7	6	4	9	5	2
8	9	2	4	3	7	1	6	5
7	3	1	6	5	9	2	8	4
6	4	5	2	8	1	7	9	3

423

3	2	8	6	7	5	4	1	9
9	5	6	1	4	3	8	2	7
7	4	1	9	2	8	3	6	5
5	7	9	8	1	6	2	3	4
2	1	3	7	9	4	6	5	8
8	6	4	3	5	2	9	7	1
4	9	2	5	6	7	1	8	3
1	3	5	2	8	9	7	4	6
6	8	7	4	3	1	5	9	2

424

4	8	7	9	2	6	3	5	1
5	1	9	3	7	8	6	4	2
2	6	3	4	5	1	9	7	8
6	2	1	5	9	4	8	3	7
9	7	8	1	3	2	5	6	4
3	5	4	8	6	7	2	1	9
1	9	6	7	8	5	4	2	3
7	3	2	6	4	9	1	8	5
8	4	5	2	1	3	7	9	6

425

2	6	1	3	9	5	4	8	7
5	3	4	7	2	8	1	6	9
8	9	7	4	1	6	2	5	3
9	1	3	6	5	4	8	7	2
6	4	8	2	7	3	5	9	1
7	5	2	9	8	1	6	3	4
1	7	9	8	6	2	3	4	5
4	2	6	5	3	7	9	1	8
3	8	5	1	4	9	7	2	6

426

8	3	1	5	4	6	2	7	9
4	2	9	7	1	3	8	5	6
6	7	5	8	9	2	1	3	4
3	6	2	9	7	5	4	8	1
7	1	4	3	6	8	5	9	2
9	5	8	4	2	1	7	6	3
2	8	6	1	3	7	9	4	5
1	9	7	6	5	4	3	2	8
5	4	3	2	8	9	6	1	7

427

9	3	4	8	7	5	2	1	6
5	1	6	4	3	2	8	7	9
7	8	2	9	6	1	5	4	3
6	4	8	7	1	9	3	5	2
3	7	9	5	2	6	1	8	4
1	2	5	3	8	4	6	9	7
2	9	7	1	5	3	4	6	8
4	6	1	2	9	8	7	3	5
8	5	3	6	4	7	9	2	1

428

8	4	1	3	9	7	6	2	5
7	3	9	2	6	5	8	4	1
5	2	6	8	4	1	9	7	3
6	7	5	9	2	3	1	8	4
3	8	2	1	5	4	7	9	6
9	1	4	6	7	8	5	3	2
4	6	8	7	1	2	3	5	9
1	5	7	4	3	9	2	6	8
2	9	3	5	8	6	4	1	7

429

5	6	2	7	3	8	1	4	9
9	4	8	5	1	2	3	7	6
1	3	7	9	4	6	8	2	5
6	2	4	1	7	5	9	8	3
8	7	9	2	6	3	5	1	4
3	5	1	4	8	9	2	6	7
7	1	3	8	5	4	6	9	2
4	9	6	3	2	1	7	5	8
2	8	5	6	9	7	4	3	1

430

2	8	9	4	6	1	3	7	5
1	4	7	9	5	3	8	2	6
3	5	6	8	2	7	9	4	1
7	2	8	5	1	4	6	3	9
6	9	3	7	8	2	1	5	4
5	1	4	6	3	9	2	8	7
9	6	5	2	7	8	4	1	3
4	3	2	1	9	5	7	6	8
8	7	1	3	4	6	5	9	2

431

2	1	3	9	4	5	8	7	6
9	7	5	8	2	6	3	1	4
8	6	4	3	1	7	9	2	5
4	5	1	7	9	3	6	8	2
3	8	7	5	6	2	4	9	1
6	2	9	1	8	4	5	3	7
1	4	6	2	3	8	7	5	9
7	3	2	6	5	9	1	4	8
5	9	8	4	7	1	2	6	3

432

9	2	1	3	6	8	4	7	5
3	7	5	9	2	4	8	6	1
6	4	8	5	1	7	3	9	2
1	6	2	7	3	5	9	8	4
5	9	7	8	4	2	1	3	6
8	3	4	6	9	1	5	2	7
4	1	3	2	7	9	6	5	8
7	5	6	4	8	3	2	1	9
2	8	9	1	5	6	7	4	3

433

3	1	7	2	5	8	6	4	9
5	8	4	9	3	6	1	7	2
2	6	9	7	4	1	3	8	5
8	7	2	4	6	5	9	1	3
1	4	5	3	9	7	8	2	6
6	9	3	8	1	2	4	5	7
9	3	8	5	2	4	7	6	1
4	5	6	1	7	9	2	3	8
7	2	1	6	8	3	5	9	4

434

7	1	8	6	5	4	9	2	3
6	2	5	9	3	7	1	8	4
9	4	3	2	8	1	7	6	5
2	3	7	4	1	6	8	5	9
8	5	9	3	7	2	6	4	1
4	6	1	5	9	8	2	3	7
5	9	6	7	2	3	4	1	8
3	8	4	1	6	9	5	7	2
1	7	2	8	4	5	3	9	6

435

9	4	1	3	8	6	2	5	7
8	7	6	2	9	5	1	3	4
3	2	5	1	7	4	8	6	9
5	1	7	4	6	8	9	2	3
4	6	3	5	2	9	7	8	1
2	8	9	7	3	1	5	4	6
1	5	2	6	4	7	3	9	8
7	9	4	8	5	3	6	1	2
6	3	8	9	1	2	4	7	5

436

9	8	5	1	3	4	6	2	7
4	6	1	2	9	7	3	5	8
7	3	2	6	8	5	9	4	1
5	4	9	8	2	6	1	7	3
6	7	8	3	4	1	5	9	2
1	2	3	5	7	9	8	6	4
2	1	4	9	5	3	7	8	6
3	5	7	4	6	8	2	1	9
8	9	6	7	1	2	4	3	5

437

4	8	1	3	7	5	9	6	2
2	5	6	9	8	1	7	3	4
7	9	3	4	6	2	5	8	1
6	7	9	1	5	8	2	4	3
1	3	2	7	4	9	8	5	6
8	4	5	2	3	6	1	9	7
5	2	4	8	1	3	6	7	9
9	6	7	5	2	4	3	1	8
3	1	8	6	9	7	4	2	5

438

9	7	2	4	5	8	3	1	6
8	6	5	3	1	2	9	7	4
1	4	3	9	7	6	2	8	5
6	5	1	7	4	9	8	2	3
3	8	9	6	2	5	1	4	7
4	2	7	1	8	3	5	6	9
5	1	6	2	3	4	7	9	8
2	3	4	8	9	7	6	5	1
7	9	8	5	6	1	4	3	2

439

6	2	3	8	7	4	1	5	9
5	1	8	6	9	3	7	2	4
9	7	4	1	5	2	3	8	6
7	6	2	4	1	9	5	3	8
3	8	1	2	6	5	9	4	7
4	5	9	3	8	7	6	1	2
2	3	5	9	4	6	8	7	1
1	4	6	7	3	8	2	9	5
8	9	7	5	2	1	4	6	3

440

5	8	2	4	1	3	6	7	9
3	9	1	6	5	7	8	2	4
6	7	4	2	8	9	5	1	3
8	1	5	7	4	6	9	3	2
7	2	6	3	9	8	1	4	5
9	4	3	1	2	5	7	8	6
1	6	7	9	3	4	2	5	8
4	5	9	8	7	2	3	6	1
2	3	8	5	6	1	4	9	7

441

8	6	5	9	2	7	4	1	3
1	2	3	8	5	4	9	7	6
4	9	7	3	1	6	8	5	2
3	4	2	5	7	8	6	9	1
6	5	9	4	3	1	2	8	7
7	1	8	2	6	9	5	3	4
5	3	4	7	8	2	1	6	9
9	8	6	1	4	3	7	2	5
2	7	1	6	9	5	3	4	8

442

9	1	4	3	2	8	6	5	7
6	5	7	4	1	9	3	8	2
2	3	8	7	5	6	4	1	9
7	4	1	6	9	5	2	3	8
8	9	6	2	4	3	1	7	5
3	2	5	8	7	1	9	4	6
5	6	9	1	8	4	7	2	3
4	7	3	5	6	2	8	9	1
1	8	2	9	3	7	5	6	4

443

9	1	2	7	4	3	5	6	8
3	7	8	1	6	5	9	4	2
4	6	5	2	8	9	3	1	7
7	4	9	8	3	6	2	5	1
5	3	1	4	7	2	8	9	6
8	2	6	5	9	1	7	3	4
2	9	3	6	1	8	4	7	5
6	8	7	3	5	4	1	2	9
1	5	4	9	2	7	6	8	3

444

9	4	6	5	7	1	2	8	3
8	5	1	9	3	2	6	7	4
7	3	2	6	4	8	5	1	9
6	9	4	7	8	3	1	5	2
5	2	8	4	1	9	3	6	7
1	7	3	2	6	5	4	9	8
4	8	9	1	2	6	7	3	5
3	6	7	8	5	4	9	2	1
2	1	5	3	9	7	8	4	6

445

4	9	8	7	3	5	2	1	6
2	7	5	1	6	4	9	3	8
6	1	3	9	2	8	7	5	4
9	8	2	4	7	1	3	6	5
7	3	6	5	8	2	1	4	9
1	5	4	6	9	3	8	7	2
3	6	9	8	5	7	4	2	1
5	4	7	2	1	9	6	8	3
8	2	1	3	4	6	5	9	7

446

7	9	4	2	1	8	3	6	5
1	3	2	6	4	5	8	7	9
8	6	5	3	9	7	2	1	4
2	8	3	4	7	1	5	9	6
5	7	6	9	3	2	4	8	1
4	1	9	5	8	6	7	2	3
6	5	1	8	2	3	9	4	7
3	4	8	7	6	9	1	5	2
9	2	7	1	5	4	6	3	8

447

7	4	6	9	8	2	5	1	3
9	2	1	4	5	3	8	6	7
5	3	8	7	1	6	4	9	2
8	9	4	6	3	5	2	7	1
1	5	7	2	9	8	6	3	4
2	6	3	1	4	7	9	5	8
4	8	5	3	6	1	7	2	9
6	1	2	8	7	9	3	4	5
3	7	9	5	2	4	1	8	6

448

2	3	9	6	8	5	7	4	1
8	5	7	1	4	2	9	6	3
1	4	6	3	9	7	8	5	2
7	6	2	4	5	9	1	3	8
5	1	8	2	7	3	4	9	6
3	9	4	8	1	6	5	2	7
9	2	5	7	3	8	6	1	4
4	7	3	9	6	1	2	8	5
6	8	1	5	2	4	3	7	9

449

5	7	2	1	9	8	4	6	3
4	8	9	6	3	2	7	1	5
1	3	6	4	7	5	2	8	9
3	5	4	2	6	7	8	9	1
6	2	7	9	8	1	5	3	4
8	9	1	5	4	3	6	7	2
9	4	3	7	5	6	1	2	8
7	1	8	3	2	4	9	5	6
2	6	5	8	1	9	3	4	7

450

6	9	7	5	3	4	8	1	2
4	5	1	8	2	7	3	6	9
3	2	8	1	6	9	4	5	7
1	8	9	4	7	5	6	2	3
2	7	3	6	1	8	5	9	4
5	6	4	3	9	2	1	7	8
9	3	6	7	8	1	2	4	5
7	1	5	2	4	3	9	8	6
8	4	2	9	5	6	7	3	1

451

1	6	9	5	8	7	4	2	3
3	4	5	9	1	2	6	7	8
2	7	8	4	6	3	1	5	9
8	1	6	3	5	4	2	9	7
9	3	4	7	2	1	8	6	5
5	2	7	8	9	6	3	4	1
6	5	2	1	3	9	7	8	4
4	8	3	2	7	5	9	1	6
7	9	1	6	4	8	5	3	2